Johann Lafer

© Verlag Zabert Sandmann, München
1. Auflage 2005
ISBN 3-89883-106-X

Grafische Gestaltung	Georg Feigl, Kuniko Taguchi
Rezeptfotos	Michael Wissing
Foodstyling	Andreas Neubauer
Porträtfotos	Alexander Haselhoff
Redaktion	Birgit Wenderoth, Eva Abenstein, Kathrin Ullerich
Herstellung	Karin Mayer, Peter Karg-Cordes
Lithografie	inteca Media Service GmbH, Rosenheim
Druck & Bindung	Eurolitho, Rozzano

Besuchen Sie uns auch im Internet unter www.zsverlag.de

Johann Lafer

GUT KOCHEN
preiswert & schnell

ZABERT SANDMANN

Mit Know-how zum Erfolg:
Wer genießt,
hat mehr vom Leben

Wenn ich auf meine über 30-jährige Erfahrung als Profikoch zurückblicke, freue ich mich, dass die Zahl derer, die gutes Essen zu schätzen wissen, stetig steigt. Dies ist eigentlich nicht verwunderlich, denn wer genießt, hat mehr vom Leben. Deshalb ist es eine der größten Herausforderungen für Köche, andere mit immer neuen Rezeptkreationen glücklich zu machen. Tagtäglich ist es mein oberstes Ziel, aus guten Zutaten das Optimum herauszuholen – mit Kreativität, dem nötigen Fingerspitzengefühl und viel Liebe zum Produkt. Diese Herausforderung war einer der Hauptgründe, warum ich damals die berufliche Laufbahn als Koch eingeschlagen habe.

Geht raffiniert auch preiswert und schnell?

An dieser Stelle möchte ich mich bei all meinen Lesern, Zuschauern, Fans und Freunden für ihre Treue und ihre Anregungen, aber auch für ihre Kritik bedanken. Bei der Arbeit in meinen Restaurants, in meiner Kochschule und im Fernsehen hat mir das immer sehr geholfen, um nicht die »Bodenhaftung« zu verlieren. So ist mir stets bewusst, welche Ansprüche und Erwartungen andere an meine Rezepte stellen. Durch den engen Kontakt mit Hobbyköchinnen und -köchen habe ich erfahren, dass es für viele Kochbegeisterte ganz entscheidend ist, ein raffiniertes Gericht in kurzer Zeit und mit wenig Aufwand auf den Tisch zu bringen, ohne sich dabei in große Umkosten zu stürzen. So ist die Idee zu diesem Buch entstanden. Ich hoffe sehr, Ihnen damit beweisen zu können, dass preiswerte und schnelle Küche keinesfalls mit mangelnder Phantasie gleichzusetzen ist.

Die Qualität und das »Wie« sind entscheidend

Natürlich bin ich mir darüber im Klaren, dass was für den einen preiswert ist, für den anderen schon teuer sein kann. Denn jeder geht von seinem eigenen Standpunkt aus. Doch auch bei preiswerten Zutaten muss man noch einmal differenzieren: Da gibt es die günstigen Lebensmittel von hervorragender Qualität und die wirklich billigen, die weder Geschmack bieten noch Kochvergnügen bereiten. Hier kann ich nur sagen: Hände weg! Denn was nutzt es, wenn das Schnitzel supergünstig war, es beim Braten aber auf die Hälfte zusammenschrumpft, zäh wird und nach gar nichts mehr schmeckt? Oder wenn die Tomaten zwar äußert preiswert waren, aber nur geschmacksneutral statt aromatisch sind. Natürlich gibt es einige Lebensmittel – oder besser gesagt: Genussmittel – die teurer sind als andere. Der Preis hängt zum Teil von der Qualität ab, aber auch davon, ob es sich um Spezialitäten handelt, die nur schwer zu bekommen sind.

Jede Art zu kochen hat ihre Berechtigung. Aber sowohl bei preiswerten als auch bei teuren Produkten kommt es auf das »Wie« an – ein teures Produkt allein ist noch keine Garantie für den Erfolg eines Gerichts. Die Komposition an sich muss stimmen, denn erst das harmonische Zusammenspiel von Zutaten und Gewürzen sorgt für vollendeten Genuss. Und so kann man beispielsweise ruhig zu dem etwas teureren Filet greifen, dafür dann bei den Beilagen kostengünstige, aber raffiniert zubereitete Varianten wählen. Es muss aber natürlich nicht immer Filet sein. Auch ein einfacheres und preiswerteres Stück Fleisch lässt sich in ein kulinarisches Highlight verwandeln, wenn man es phantasievoll zubereitet. So können Sie etwa aus einer relativ günstigen Lammschulter ein wundervolles Curry schmoren, das durch seinen köstlichen Aroma-Mix besticht. Oder aber einen schlichten Bierschinken durch eine knusprige Kräuterteighülle veredeln und mit Kartoffelpüree und einer fruch-

tigen Zwiebelsauce servieren. Gerade Kartoffeln sind wahre »Sparzutaten«, die man mit etwas Kreativität in ein köstliches Gericht verwandeln kann. Sie lassen sich äußerst vielseitig zubereiten – mal gratiniert, mal gefüllt oder gebraten – und schmecken immer wieder anders. Für Reis, Nudeln und Gemüse gilt das Gleiche.

Saisonal und auf Vorrat kaufen – das muss kein Widerspruch sein

Und noch etwas lege ich Ihnen ans Herz: Nutzen Sie das Angebot der Saison. Auch wenn wir heute die Möglichkeit haben, Erdbeeren im September, Blattsalat im Januar oder Kirschen im März zu kaufen, frage ich mich, ob das wirklich sein muss. Gemüse und Obst schmecken am besten, wenn sie in der Natur gereift und erntefrisch sind. Dass saisonale Zutaten zudem preiswerter sind, versteht sich von selbst, denn es sind keine künstlichen Anbaumethoden oder langen Transportwege nötig, um sie auf unseren Teller zu bringen. Zudem haben Obst und Gemüse in der Erntesaison einfach das beste Aroma, das zur Jahreszeit passt und – so komisch das vielleicht auch klingen mag – zu unserer jahreszeitlichen Stimmung.

Auch wenn ich ein Verfechter der frischen Küche bin, verwende ich in meinen Rezepten doch auch Zutaten, die lagerbar sind, wie etwa Reis und Nudeln. Von diesen Basisprodukten sollten Sie sich einen kleinen Vorrat anlegen. Und wenn Ihr Lieblingsfleisch, wie beispielsweise Rouladen, einmal preiswert in guter Qualität zu haben ist, dann kaufen Sie gleich die doppelte Menge, bereiten die Rouladen fertig zu und frieren die Hälfte für später ein. Das spart nicht nur Geld, sondern auch Arbeit.

Gewürze, frische Kräuter und Würzsaucen spielen in meinen Rezepten immer eine große Rolle, denn sie geben Aroma und runden zudem alles harmonisch ab. Auch wenn es eine kleine Investition bedeutet, sich einen gewissen Grundstock an diesen Zutaten zuzulegen, es lohnt sich. Bedenken Sie, dass die meisten Würzzutaten lange haltbar sind und Sie daher nur zu Beginn etwas mehr

Geld ausgeben müssen. Und wenn Sie in Ihrer Wohnung einen sonnigen Fensterplatz haben, können Sie Ihre Kräuter auch ganz einfach selbst ziehen. Oder Sie kaufen Pflänzchen, die Sie mehrfach abernten können.

Schnelligkeit ist relativ

Vielleicht enttäusche ich Sie jetzt, wenn ich Ihnen sage, dass meine schnellen Gerichte nicht grundsätzlich in 30 Minuten fertig auf dem Tisch stehen, sondern manchmal 1 Stunde oder – z. B. im Falle eines Bratens – auch mehr Zeit in Anspruch nehmen können. Aber da ich für meine Rezepte beinahe ausschließlich frische Produkte verwende, dauert eben das Vorbereiten (Putzen und Waschen von Gemüse,

Kleinschneiden der Zutaten etc.) etwas länger. Dafür haben Sie aber die Gewissheit, dass alles frisch und knackig ist. Eine wahre »Turbo-Küche« gelingt nur mithilfe von Fertig-, Tiefkühl- und/oder Dosenprodukten. Und das ist nicht das, was ich unter gutem Kochen verstehe. Um schnell etwas Feines auf den Tisch zu zaubern, bedarf es nur einiger weniger Grundvoraussetzungen. Ein Rezept sollte nicht zu viele Zutaten haben, denn das bedeutet lange Einkaufszeiten. Außerdem macht die gelungene Kombination der Zutaten den Genuss aus, nicht deren Anzahl.

Das A und O ist die Qualität der Ausgangsprodukte. Kaufen Sie daher immer Lebensmittel, die von der Grundqualität her wirklich sehr gut sind. Nicht nur, weil sie besser schmecken – sie machen auch wesentlich weniger Arbeit. Denn wenn Sie erst mühsam schadhafte Stellen vom Obst oder Gemüse wegschneiden müssen oder harte Sehnen vom Fleisch, dann braucht das Zeit – Zeit, die Sie besser für die sorgfältige Zubereitung des Gerichts verwenden sollten. Die Wahl der geeigneten Garmethode ist ebenfalls ausschlaggebend, wenn es schnell gehen soll. Daher sollten Gerichte, die stundenlang leise vor sich hin köcheln müssen, eher die Ausnahme bleiben, ebenso solche mit sehr langen Marinier- oder Ruhezeiten. Sollten aber doch einmal längere Gar- oder Ruhezeiten nötig sein, um den gewünschten Geschmack oder die richtige Kon-

sistenz zu bringen, kann man diese optimal nutzen. Um bereits den Tisch zu decken, die Küche aufzuräumen oder um schon weitere Zutaten, z.B. für die Beilage oder das Dessert, vorzubereiten.

Schlaue Helfer und gute Organisation

Wenn in der Küche alles reibungslos laufen soll, ist perfektes Handwerkszeug unentbehrlich. Nichts ist ärgerlicher, als beispielsweise mit einem stumpfen Messer minutenlang eine Tomate in Scheiben schneiden zu wollen. Das bringt nur Verdruss, man vergeudet wertvolle Zeit und auch das Endergebnis überzeugt nicht. Hochwertige Töpfe und Pfannen, in denen nichts haften bleibt, sind ebenso entscheidend wie ein Herd bzw. Ofen, der gleichmäßig gart. Außerdem benötigen Sie eine gezielte Auswahl schlauer Küchenhelfer wie einen Pürierstab, ein feines Sieb, eine digitale Küchenwaage und einen Messbecher. Sicher, eine qualitativ hochwertige Küchenaustattung kostet Geld, aber dieses ist immer gut angelegt. Spätestens wenn Sie einmal bei Freunden in der Küche mithelfen, die nicht gut ausgestattet ist, und sich über stumpfe Messer und zu kleine Pfannen ärgern, werden Sie verstehen, was ich meine. Außerdem ist es schlau, alle Arbeitsabläufe für das Hauptgericht und für die Beilagen zeitlich miteinander zu verbinden. Kürzere Wartezeiten kann man prima nutzen, um z. B. Zutaten klein zu schneiden, die demnächst benötigt werden. In meinen Rezepten werden Sie sehen, dass sich dies ohne Hektik umsetzen lässt. Aus meiner Erfahrung in der Kochschule weiß ich, dass es für viele ein Grundproblem ist, die Zubereitung zeitlich gut zu planen. Oft werde ich gefragt, wann man beispielsweise die Kartoffeln oder Nudeln für die Beilage aufsetzen soll, damit sie gleichzeitig mit dem Rest des Gerichts fertig sind. Damit am Schluss auch wirklich alles gleichzeitig auf dem Tisch steht, habe ich die Beilagen in meine Rezepte bereits integriert. So können Sie ganz entspannt ans Kochen gehen.

Noch ein Wort zu meinen Rezepten

Damit beim Nachkochen auch alles auf Anhieb gut gelingt, habe ich hier noch einige Hinweise zu den Rezepten: Die Angaben zur Zubereitungszeit sind Durchschnittswerte und sollen Ihnen nur als Anhaltspunkt dienen. Denn je nach eigenem Tempo und nach Übung variieren gerade die Zeiten zum Kleinschneiden von Zutaten um einiges. Die Ofentemperaturen in meinen Rezepten beziehen sich immer auf ein Elektrogerät mit Ober- und Unterhitze. Möchten Sie lieber mit Umluft arbeiten (bedenken Sie aber dabei, dass viele Gerichte durch Umluft schnell trocken werden), müssen Sie die Temperatur um ca. 20 °C reduzieren. Die Garzeit bleibt dann die gleiche.

Ich wünsche Ihnen nun viel Freude beim Nachkochen meiner Rezepte.

Ihr

Johann Lafer

Kalte Vorspeisen & kleine Gerichte

Saiblingsterrine
mit Buttermilch

Für 6 Personen

Zubereitungszeit: ca. 45 Min. (plus ca. 1 Std. Kühlzeit)
Den Backofengrill einschalten. Ein Backblech mit

etwas Öl
bestreichen,

4 Saiblingsfilets (ohne Gräten)
waschen, trockentupfen, mit den Hautseiten nach oben darauf legen und unter dem Backofengrill auf der mittleren Schiene ca. 5 Minuten garen. Die Haut vorsichtig abziehen und die Filets von beiden Seiten mit

Salz und Pfeffer
würzen.

250 g Buttermilch und
150 g Crème fraîche
gut verrühren.

6 Blatt weiße Gelatine
ca. 10 Minuten in kaltem Wasser einweichen. Inzwischen

ca. 100 ml Fischfond,
2 EL Pernod, 4 EL trockenen
Vermouth (z. B. Noilly Prat)
und den Saft von 1 Zitrone
etwas einkochen lassen. Die Gelatine gut ausdrücken, unter Rühren im nicht mehr kochenden Würzsud auflösen und dann sorgfältig unter die Buttermilchmischung rühren.

1 Möhre
putzen und schälen.

180 g Lauch
putzen und waschen. Beides in sehr kleine Würfel schneiden, in kochendem

Salzwasser
bissfest blanchieren, kurz abschrecken und gut abtropfen lassen.

10 Basilikumblättchen
waschen, gut trockentupfen und in feine Streifen schneiden. Mit den Gemüsewürfeln und

2 EL gehacktem Dill
Salz, Pfeffer und Chilipulver
unter die Buttermilchmasse heben und alles mit kräftig würzen. Eine längliche Terrinenform (1 l Inhalt) mit Frischhaltefolie auskleiden. Ein Drittel der Buttermilchmasse hineinfüllen, 2 Fischfilets darauf legen und mit einem Drittel der Buttermilchmasse bedecken. Nochmals 2 Fischfilets darauf legen, die restliche Buttermilchmasse darüber geben und glatt streichen. Die Form zugedeckt ca. 1 Stunde kühl stellen. Die Terrine auf ein Küchenbrett stürzen und die Folie vorsichtig abziehen. Die Terrine mit einem scharfen Messer oder eventuell einem Elektromesser in ca. 1 cm dicke Scheiben schneiden, auf Tellern anrichten und mit

ca. 4 EL Olivenöl mit Limone
beträufeln.

Mein Tipp:
Zu dieser Saiblingsterrine passt folgender Gurkensalat hervorragend: 1 große Salatgurke schälen, längs halbieren, entkernen und in 1/2 cm dicke Scheiben schneiden. In einer Pfanne 1 EL Honig schmelzen lassen, mit 3 EL Balsamico bianco ablöschen und alles auf die Hälfte einkochen lassen. Die Gurkenscheiben im Sud kurz ziehen, dann etwas abkühlen lassen. 1 gewürfelte Schalotte mit 200 g Crème fraîche und der abgeriebenen Schale von 1 unbehandelten Zitrone glatt rühren. 2 EL Tomatenwürfel und 1 EL gehackten Estragon unterheben, mit Salz und Cayennepfeffer würzen. Zuletzt die Gurken unterheben.

Räucherforellentörtchen
auf Tomaten-Rucola-Salat

Für 6 Personen	*Zubereitungszeit: ca. 1 Std. (plus ca. 1 Std. Kühlzeit für die Törtchen)*
2 Blatt weiße Gelatine	ca. 10 Minuten in kaltem Wasser einweichen. Inzwischen
2 EL trockenen Vermouth (z. B. Noilly Prat), 2 EL trockenen Weißwein und 230 g Sahne	aufkochen lassen und dann die Hitze reduzieren. Die Gelatine gut ausdrücken, in der nicht mehr kochenden Sahnemischung auflösen, alles mit
Salz und Pfeffer	würzen und etwas abkühlen lassen.
200 g geräuchertes Forellenfilet (ohne Haut und Gräten)	in Würfel schneiden und dazugeben. Alles fein pürieren und in einer Schüssel weiter abkühlen lassen. Kurz bevor die Räucherfischmousse zu gelieren beginnt,
90 g steif geschlagene Sahne und 1 EL gehackten Dill	unterheben. 6 Metallringe (ca. 6 cm Durchmesser) auf eine Platte legen, die Fischmousse hineinfüllen und ca. 30 Minuten kühl stellen. Inzwischen für das Dillgelee
2 Blatt weiße Gelatine	ca. 10 Minuten in kaltem Wasser einweichen.
2 EL gehackten Dill und 70 ml Fischfond	pürieren, bis eine grüne Flüssigkeit entsteht.
2 EL Weißwein	aufkochen lassen und vom Herd nehmen. Die Gelatine gut ausdrücken, im Wein unter Rühren auflösen und zum Dillfond geben. Mit
Salz und Pfeffer	würzen und abkühlen lassen. Den leicht gelierenden Dillfond auf die Räucherfischmousse geben und alles nochmals ca. 30 Minuten kühl stellen. Kurz vor Ende der Kühlzeit
100 g Rucola	putzen, waschen und trockenschleudern.
12 Cocktailtomaten	waschen, vierteln und mit dem Rucola auf Tellern anrichten. Den Salat mit
2 EL Olivenöl mit Limone und etwas Balsamico bianco	beträufeln und mit
Salz	würzen. Die Räucherforellentörtchen am Rand mit einem spitzen Messer von den Ringen lösen, die Ringe vorsichtig abheben und die Törtchen mit einer Palette auf den Tomaten-Rucola-Salat setzen. Zuletzt mit
Dillspitzen	garnieren und
Pfeffer	grob darüber mahlen.

Mein Tipp:
Wenn Sie für Ihren Salat – wie hier – nur einen Hauch Essig benötigen, empfehle ich Ihnen, einen Zerstäuber zu verwenden. Mit ihm lässt sich der Essig optimal dosiert in feinsten Tröpfchen auf dem Salat verteilen. Statt der Räucherforelle können Sie auch einmal einen anderen Räucherfisch nehmen, z. B. Lachs oder Makrele.

Feldsalat *mit Pilzen und Parmesan*

Für 4 Personen	*Zubereitungszeit: ca. 30 Min.*
200 g Feldsalat	gründlich putzen, waschen und trockenschleudern.
1 EL Aceto balsamico,	
2 EL Gemüsebrühe, Zucker,	
Salz und Pfeffer	in einer Schüssel verrühren.
5 EL Olivenöl mit Limone	unterschlagen.
Je 1 Schalotte und	
Knoblauchzehe	schälen und in feine Würfel schneiden.
Je 100 g Champignons,	
Shiitakepilze und Austernpilze	putzen. Die Champignons vierteln, die Shiitake- und die Austernpilze in mundgerechte Stücke schneiden.
2 EL Butter und 3 EL Olivenöl	in einer Pfanne erhitzen und die Pilze darin kross anbraten. Die Schalotten- und die Knoblauchwürfel kurz mitbraten. Die Pilze mit
Salz und Pfeffer	abschmecken.
3 TL eiskalte Butter	in kleine Würfel schneiden und mit
1 EL gehackter Petersilie	unter die Pilze mischen. Die Pfanne sofort vom Herd nehmen und die Butter zerlaufen lassen. Den Feldsalat mit dem Dressing mischen und auf Tellern anrichten. Die Pilze darauf verteilen und
50 g Parmesan	in feinen Spänen darüber hobeln.

Mein Tipp:

Das Olivenöl mit Limone sorgt bei diesem Salat für mediterrane Frische. Sein feines Zitrusaroma passt optimal zu den würzigen Pilzen und dem leicht nussigen Feldsalat. Sie bekommen das Öl mittlerweile in jedem gut sortierten Lebensmittelgeschäft. Achten Sie aber darauf, dass es nicht mit Aromazusätzen, sondern mit echter Limonenschale hergestellt wurde.

Salat von gegrillten Zucchini *mit Minze*

Für 4 Personen	*Zubereitungszeit: ca. 40 Min.*
4 kleine Zucchini	putzen, waschen und der Länge nach in ca. 3 mm dicke Scheiben schneiden oder hobeln.
1 Knoblauchzehe	schälen, in feine Würfel schneiden und mit
4 EL Olivenöl	verrühren. Die Zucchinischeiben damit beträufeln und portionsweise in einer beschichteten Grillpfanne von beiden Seiten goldbraun braten. Dann mit
Salz und Pfeffer	würzen und in eine flache Schale geben.
2 EL Aceto balsamico und	
4 EL Olivenöl	verrühren und über die Zucchini gießen.
2 EL Pinienkerne	in einer Pfanne ohne Fettzugabe goldgelb rösten.
2 Scheiben Toastbrot	entrinden, in 1 cm große Würfel schneiden und in
2 EL Olivenöl	zu knusprigen Croûtons rösten.
4 Pfefferminzstiele	waschen und trockenschütteln. Die Blättchen abzupfen und in feine Streifen schneiden. Die Zucchini aus der Marinade nehmen (diese beiseite stellen), kurz abtropfen lassen und mit
8 Scheiben Putenschinken	dekorativ auf Tellern anrichten. Den Salat mit der Pfefferminze bestreuen und mit der beiseite gestellten Zucchinimarinade beträufeln. Die Pinienkerne, die Croûtons und nach Belieben
Pfefferminzblättchen	darüber streuen.

Mein Tipp:
Dieses Rezept ist genau das Richtige, wenn von Juni bis September heimische Zucchini geerntet werden. Nehmen Sie aber nur kleine Zucchini – sie sind besonders zart und aromatisch.

Mango-Frühlingszwiebel-Salat
mit Riesengarnelen

Für 4 Personen	*Zubereitungszeit: ca. 25 Min.*
1 Mango	mit einem Sparschäler schälen. Das Fruchtfleisch rechts und links senkrecht vom flachen Stein abschneiden und in mundgerechte Streifen schneiden.
70 g Frühlingszwiebeln	putzen, waschen und in feine Ringe schneiden. Für das Dressing von
1/2 roten Chilischote	die Kernchen mit einem spitzen Messer entfernen, die Schote waschen und fein hacken.
1 Knoblauchzehe und 20 g Ingwerwurzel	schälen und in feine Würfel schneiden.
2 EL Weißweinessig, 1 EL Sesamöl, 1 EL Olivenöl mit Limone und 1 EL Zuckersirup (Läuterzucker)	zu einer Vinaigrette verrühren.
1 EL gehacktes Koriandergrün	mit den Chili-, den Knoblauch- und den Ingwerwürfeln unterrühren. Die Vinaigrette mit
Salz, Pfeffer und Zucker	abschmecken und die Mangostreifen sowie die Frühlingszwiebeln damit gut mischen.
12 küchenfertige Riesengarnelen (bis auf das Schwanzstück geschält)	waschen und sorgfältig trockentupfen.
3 EL Olivenöl	in einer Pfanne erhitzen und die Garnelen darin anbraten.
2 ungeschälte Knoblauchzehen	mit dem Messerrücken leicht zerdrücken.
1 Thymianzweig	waschen, trockenschütteln, mit den Knoblauchzehen zu den Garnelen geben und kurz mitbraten. Die Knoblauchzehen und den Thymianzweig wieder entfernen. Die Garnelen mit
Salz und Pfeffer	würzen und
1 TL gehackte Petersilie	untermischen.
1 EL eiskalte Butter	in kleine Würfel schneiden und zum Glasieren unter die Garnelen mischen. Den Salat mit den Garnelen auf Tellern anrichten und mit
Petersilienblättchen	garnieren.

Mein Tipp:

Mangos werden bei uns in vielen verschiedenen Farben, Formen und Sorten angeboten. Egal welche Sie nehmen, sie müssen absolut reif sein. Reife Mangos erkennt man daran, dass sie angenehm duften und ihr Fruchtfleisch auf leichten Daumendruck nachgibt. Sollten Sie einmal nur unreife Früchte bekommen, können Sie diese 1 Woche – in Zeitungspapier eingewickelt – bei Zimmertemperatur nachreifen lassen. Gerade für Salate, bei denen die Form der Mangoscheiben für die Optik entscheidend ist, bevorzuge ich die sehr kleine, intensiv schmeckende Pataya-Mango aus Thailand.

Gurken-Lachs-Röllchen *mit Meerrettich*

Für 4 Personen	*Zubereitungszeit: ca. 20 Min.*
1 Salatgurke (ca. 600 g)	gründlich waschen, trockenreiben und der Länge nach in ca. 2 mm dicke Scheiben hobeln. Die Gurkenscheiben gleichmäßig mit
150 g Räucherlachsscheiben	belegen, vorsichtig zusammenrollen und mit Holzzahnstochern feststecken. Für die Sauce
4 EL Crème fraîche,	
2 EL geriebenen Meerrettich	
und 3–4 EL Sahne	verrühren und mit
Salz und Pfeffer	abschmecken. Die Zucchiniröllchen mit der Sauce anrichten. Zuletzt mit
etwas Olivenöl	beträufeln, mit
Dillspitzen	garnieren und mit
Salz und Pfeffer	würzen.

Mein Tipp:

Statt Räucherlachs können Sie auch geräucherten Heilbutt oder Stör nehmen. Verwenden Sie für die Herstellung der Röllchen nur Gurkenscheiben, die keine Kernchen haben. Sie lassen sich besser zusammenrollen und sehen zudem attraktiver aus.

Roh marinierter Lachs *mit Avocado*

Für 4 Personen

Zubereitungszeit: ca. 35 Min.

1 Schalotte schälen, in feine Würfel schneiden und in
1 EL Olivenöl glasig dünsten. Vom Herd nehmen.

5 EL Olivenöl,
2 EL Weißweinessig und
den Saft von 1 Limette darunter mischen. Die Marinade mit
Zucker, Salz, Pfeffer und
gemahlenem Koriander abschmecken und abkühlen lassen. Anschließend
1 EL gehacktes Koriandergrün untermischen.
400 g sehr frisches Lachsfilet
(ohne Haut) quer in hauchdünne Scheiben schneiden. Diese zwischen zwei Lagen
Frischhaltefolie etwas flach klopfen und in eine flache Schale legen. Die
Marinade darüber gießen und den Lachs bei Zimmertemperatur zugedeckt
ca. 10 Minuten durchziehen lassen. Danach
4 Avocados schälen, halbieren und die Steine herauslösen. Das Fruchtfleisch in dünne
Scheiben schneiden. Die Avocadoscheiben mit dem Lachs dekorativ auf
Tellern anrichten und mit
Salz und Pfeffer würzen. Den marinierten Lachs zuletzt mit
Friséesalatblättern garnieren.

Mein Tipp:

*Eine Avocado schmeckt nur, wenn sie optimal gereift ist. Dies erkennt man
daran, dass die Frucht auf Fingerdruck leicht nachgibt. Ich bevorzuge Avocados mit glatter Schale, denn bei ihnen kann man den Reifezustand besser
feststellen. Avocadofruchtfleisch wird rasch unansehnlich braun. Das können Sie vermeiden, wenn Sie Avocados immer erst kurz vor dem Servieren
schälen und das Fruchtfleisch sofort mit Zitronensaft beträufeln.*

Räucherlachs im Kartoffelrösti
mit Blattsalat und Limettendip

Für 4 Personen	*Zubereitungszeit: ca. 50 Min.*
300 g gemischte Blattsalate	putzen, waschen, trockenschleudern und in eine große Schüssel geben.
2 Knoblauchzehen und	
1 Schalotte	schälen und in feine Würfel schneiden.
50 ml Aceto balsamico,	
100 ml Walnussöl und	
1 EL gehackte Petersilie	zu einer Vinaigrette verrühren. Die Knoblauch- und die Schalottenwürfel unterrühren, alles mit
Salz und Pfeffer	abschmecken und beiseite stellen.
	Für den Limettendip
3 EL Crème fraîche, den Saft von 1 Limette, 1 EL fein gehackten Dill und 2 EL Milch	verrühren. Mit
Salz und Pfeffer	würzig abschmecken und beiseite stellen.
400 g fest kochende Kartoffeln	schälen, waschen und in 2 mm dicke Scheiben schneiden bzw. hobeln. Die Kartoffelscheiben in streichholzdicke Stäbchen schneiden.
2 EL Öl	in einer beschichteten Pfanne erhitzen. Ein Viertel der Kartoffelstäbchen hineingeben und mit einem Pfannenwender zu einem Kreis flach drücken. Die Rösti auf der Unterseite goldgelb braten, mit einem Pfannenwender vorsichtig wenden und von der anderen Seite ebenfalls goldgelb braten. Danach mit
Salz und Pfeffer	würzen und auf Küchenkrepp legen. Nach dem gleichen Prinzip 3 weitere Rösti braten. Die Rösti mit
8 Scheiben Räucherlachs	belegen (je 2 auf eine Rösti), vorsichtig zusammenrollen und die Rollen jeweils in 3 gleich große Stücke schneiden. Den Blattsalat mit der Walnussöl-Vinaigrette mischen und mit den Lachsrösti und dem Limettendip auf Tellern anrichten.

Mein Tipp:
Anstelle von Räucherlachs können Sie für dieses Rezept auch andere geräucherte Fische wie Heilbutt oder Stör verwenden.
Für Kartoffelstäbchen verwende ich in meiner Küche ein spezielles Gerät, den »Turning Slicer« – mit ihm erhält man durch einfaches Kurbeln in Sekundenschnelle hauchdünne Gemüsestreifen. Außerdem hat das Gerät den Vorteil, dass das Gemüse geschnitten und nicht (wie beim Raspeln) »zerrissen« wird. So bleibt alles knackig und saftig, weil beim Schneiden fast kein Wasser ausläuft. Die Bestelladresse für den »Turning Slicer« finden Sie auf Seite 255.

Crêpestorte *mit Räucherlachs*

Für 4 Personen	*Zubereitungszeit: ca. 45 Min.*
2 Eier, 125 ml Milch und 60 g Mehl	zu einem glatten Teig verrühren. Mit
Salz und Pfeffer	würzen und ca. 20 Minuten quellen lassen.
1 unbehandelte Limette	heiß abwaschen, gut abtrocknen und die Schale fein abreiben. Die Limette auspressen, den Saft und die Schale mit
125 g Crème fraîche	glatt rühren und mit
Salz und Pfeffer	abschmecken. Den Teig noch einmal durchrühren und 6 hauchdünne Crêpes daraus backen. Dabei für jede Crêpe
½ TL Butterschmalz	in einer beschichteten Pfanne (ca. 24 cm Durchmesser) bei mittlerer Temperatur erhitzen, etwas Teig mit einer Schöpfkelle in die Mitte geben und die Pfanne schwenken, damit der Teig zu einer hauchdünnen Crêpe verläuft. Wenn die Crêpe unten leicht gebräunt und oben fast gestockt ist, mit einer Palette oder einem Pfannenwender vorsichtig wenden und nochmals ca. 1 Minute backen, bis auch die zweite Seite leicht gebräunt ist. 5 Crêpes mit der Limettencreme bestreichen und mit
15 Scheiben Räucherlachs	belegen. Dann die Crêpes vorsichtig aufeinander schichten und mit der sechsten Crêpe bedecken. Die Torte in Stücke schneiden und auf Tellern anrichten. Zuletzt mit
Dillspitzen	garnieren.

Mein Tipp:

Sie können den Crêpeteig noch mit gehacktem Kerbel oder Dill verfeinern. Die Crêpestorte lässt sich prima vorbereiten. Mit Frischhaltefolie abgedeckt, bleibt sie problemlos 1 Tag im Kühlschrank frisch.

Ziegenkäsecreme *in Parmesanhippen*

Für 4 Personen   *Zubereitungszeit: ca. 40 Min.*

150 g Ziegenfrischkäse,	
100 g Crème double und	
1 EL Tomatenmark	glatt rühren.
2–3 EL gehacktes Basilikum	unterrühren, die Creme mit
Salz und Pfeffer	würzen und zugedeckt ca. 30 Minuten kühl stellen.
	Inzwischen
120 g Parmesan	fein reiben und mit
10 g Speisestärke	mischen. Eine beschichtete Pfanne (16 bis 18 cm Durchmesser) bei mittlerer bis starker Hitze erhitzen. 2 EL von der Käsemischung als Kreis mit ca. 12 cm Durchmesser dünn hineinstreuen und schmelzen lassen. Die Parmesanhippe vorsichtig aus der Pfanne nehmen, zur Formgebung sofort über eine umgedrehte Teetasse stülpen und erkalten lassen. Aus der Parmesanmischung weitere 7 Hippen zubereiten. Die Käsecreme in einen Spritzbeutel mit großer Sterntülle füllen und in die Hippen spritzen. Die Parmesanhippen mit
Basilikumblättchen	garnieren und
Pfeffer	grob darüber mahlen.

Mein Tipp:

Die Käsecreme und die Parmesanhippen lassen sich gut vorbereiten. Jedoch sollten Sie die Creme erst kurz vor dem Servieren in die Hippen spritzen, damit diese nicht weich werden. Außerdem sollten Sie die Hippen trocken lagern, zum Beispiel in einer Glasschale mit vakuumverschließbarem Deckel (z. B. einer Top-Serve-Schale).

Speckknödelsalat
mit Tomatenvinaigrette

Für 4–6 Personen	*Zubereitungszeit: ca. 1 1/4 Std. (plus ca. 30 Min. Ruhezeit für den Knödelteig)*
	Für die Knödel
200 g Brötchen (vom Vortag)	in 1 cm große Würfel schneiden.
100 g Zwiebeln	schälen und in feine Würfel schneiden.
150 g Räucherspeck	in kleine Würfel schneiden, mit den Zwiebelwürfeln in
1 EL Butterschmalz	hellbraun braten und mit
4 EL gehackter Petersilie	unter die Brotwürfel mischen.
200 ml Milch	aufkochen, über die Brotmischung geben und alles ca. 10 Minuten quellen lassen. Dann
2 Eier und 4 EL Mehl	dazugeben und alles kräftig verkneten, bis ein fester Knödelteig entstanden ist. Den Teig ca. 20 Minuten ruhen lassen, danach mit
Salz und Pfeffer	kräftig würzen. Sollte der Knödelteig zu weich sein, noch etwas Mehl dazugeben.
Reichlich Salzwasser	zum Kochen bringen. Aus der Masse mit leicht angefeuchteten Händen 6 cm große Knödel formen und ins kochende Wasser geben. Die Hitze reduzieren und die Knödel offen im nur leicht siedenden Wasser 10 bis 15 Minuten gar ziehen lassen. Herausnehmen, gut abtropfen lassen und vierteln. Für die Vinaigrette
1 Knoblauchzehe	schälen, in sehr feine Würfel schneiden und mit
2 EL Weißweinessig,	
2 EL Balsamico bianco,	
1 TL mittelscharfem Senf,	
Salz, Pfeffer und Zucker	verrühren. Nach und nach
100 ml Olivenöl	unterschlagen.
3 Tomaten	über Kreuz einritzen, kurz überbrühen, abschrecken und enthäuten. Anschließend vierteln, entkernen, in kleine Würfel schneiden und in die Vinaigrette geben.
300 g Cocktailtomaten	waschen und eventuell halbieren.
300 g Babymozzarella-Kugeln	abtropfen lassen und halbieren. Beides vorsichtig unter die Knödelviertel heben. Die Vinaigrette dazugeben, alles vorsichtig mischen, mit
Salz und Pfeffer	würzen und abkühlen lassen. Den leicht gelierenden Dillfond auf die Räucherfischmousse geben und alles nochmals ca. 30 Minuten kühl stellen.
200 g Rucola	putzen, waschen und trockenschleudern, mit
3 EL Olivenöl,	
Salz und Pfeffer	marinieren. Den Rucola mit dem Speckknödelsalat auf Tellern anrichten. Zuletzt mit
Balsamico bianco mit Basilikum	beträufeln oder besprühen.

Mein Tipp:

In diesem Rezept müssen Speck und Zwiebeln so kräftig angebraten werden, dass sie Farbe bekommen. Das dabei entstehende Röstaroma verteilt sich dann später im gesamten Teig und würzt die Knödel hervorragend.
Besonders zart und locker werden die Speckknödel nur, wenn bei der Teigherstellung wirklich alle Brotwürfel mit ausreichend Flüssigkeit getränkt wurden.

Mediterraner Gemüsesalat
mit geröstetem Ciabatta

Für 4 Personen	*Zubereitungszeit: ca. 50 Min.*
½ TL Salz	mit
50 ml Aceto balsamico	verrühren, bis sich das Salz aufgelöst hat.
100 ml Olivenöl	darunter schlagen und
Pfeffer, 1 EL gehackte Petersilie sowie ca. 15 klein gezupfte Basilikumblättchen	unterrühren. Die Vinaigrette beiseite stellen.
Je 2 rote und gelbe Paprikaschoten	längs halbieren, entkernen, waschen, mit einem Sparschäler schälen und in mundgerechte Stücke schneiden. In
2 EL Olivenöl	braten, bis sie leicht Farbe annehmen.
2 ungeschälte Schalotten	halbieren.
3 ungeschälte Knoblauchzehen	mit dem Messerrücken leicht zerdrücken.
Je 1 Zucchino und Aubergine	putzen, waschen, in ca. 4 mm dicke Scheiben schneiden und in
3 EL Olivenöl	portionsweise goldgelb braten. Dabei nach und nach immer wieder etwas Olivenöl hinzufügen.
Je 2 Thymian- und Rosmarinzweige	sowie die Schalottenhälften und den Knoblauch dazugeben, kurz mitbraten und alles mit
Salz und Pfeffer	würzen. Die Kräuterzweige, die Schalottenhälften und den Knoblauch entfernen und das gebratene Gemüse mit den Paprikaschoten in eine Schüssel geben.
Je 2 Schalotten und Knoblauchzehen	schälen, in feine Würfel schneiden, in
1 EL Olivenöl	glasig dünsten und zum Gemüse geben. Die vorbereitete Vinaigrette über das noch warme Gemüse gießen und alles vorsichtig mischen. Für das geröstete Ciabatta
1 Knoblauchzehe	schälen und fein hacken.
4 EL Olivenöl	in einer Pfanne erhitzen und
4 Scheiben Ciabattabrot	darin von beiden Seiten goldgelb rösten.
1 TL Thymianblättchen	mit dem Knoblauch ins Öl geben und die Brotscheiben unter Wenden kurz weiterrösten, damit sie Aroma bekommen. Den noch lauwarmen Salat mit den Ciabattascheiben auf Tellern anrichten.

Mein Tipp:

Das mediterrane Aroma dieses Salats kommt besonders gut zur Geltung, wenn Sie ihn noch lauwarm bzw. mit Zimmertemperatur servieren. Im Kühlschrank geht sein vollmundiger Geschmack fast verloren.

Die gerösteten Ciabattascheiben passen auch hervorragend zu anderen mediterranen Salaten. Zur Abwechslung können Sie sie nach dem Rösten dünn mit schwarzer Olivenpaste (aus der Feinkostabteilung) bestreichen.

Salat aus Lyoner *mit Wasabi-Creme*

Für 4 Personen — *Zubereitungszeit: ca. 20 Min.*

250 g Lyoner Wurst — in feine Streifen oder Scheiben schneiden und in eine Schüssel geben.

1 kleinen Spitzkohl (500 g) — in seine Einzelblätter zerteilen und die Blattrippen keilförmig heraus-schneiden. Die Blätter waschen, trockentupfen, in feine Streifen schneiden und zu der Wurst in die Schüssel geben.

3 EL Mayonnaise und
1 TL Wasabi
(grünen Meerrettich) — glatt rühren. Mit

50 g Naturjoghurt und
60 ml Gemüsebrühe
oder Milch — zu einer Sauce verrühren. Mit

Salz und
dem Saft von ½ Zitrone — abschmecken. Die Sauce über die Salatzutaten gießen und alles vorsichtig mischen.

1 EL gehackte Petersilie — unterheben.

4 Kopfsalatblätter — waschen, trockentupfen, auf Teller legen und mit

Balsamico bianco — beträufeln. Den Wurstsalat darauf anrichten. Dazu frisches Bauernbrot servieren.

Mein Tipp:

Der japanische Wasabi ist zwar mit unserem Meerrettich nicht verwandt, hat aber ein ähnlich scharfes Aroma. Sollten Sie keinen bekommen, können Sie ersatzweise auch geriebenen Meerrettich aus dem Glas nehmen.

Matjestatar *auf Pumpernickel*

Für 4 Personen	*Zubereitungszeit: ca. 50 Min.*
200 g Matjesfilets	ca. 15 Minuten in kaltes Wasser legen.
	Inzwischen
1 Tomate	über Kreuz einritzen, kurz überbrühen, abschrecken und enthäuten. Anschließend vierteln, entkernen und in kleine Würfel schneiden.
1 Schalotte	schälen und in feine Würfel schneiden.
1 mittelgroße Gewürzgurke	ebenfalls in kleine Würfel schneiden. Die Matjesfilets aus dem Wasser nehmen, mit Küchenkrepp gut trockentupfen und in sehr kleine Würfel schneiden. Die klein geschnittenen Zutaten gut mischen und
1 TL Schnittlauchröllchen	dazugeben.
1 EL Balsamico bianco und	
4 EL Olivenöl	vorsichtig unterheben und alles mit
Pfeffer	abschmecken. Das Tatar auf einem großen Schneidebrett in 8 Metallringe (ca. 5 cm Durchmesser, ca. 4 cm hoch) geben.
8 TL Crème fraîche	darauf geben, glatt streichen und das Tatar ungefähr 20 Minuten kühl stellen. Inzwischen
150 g Pumpernickelscheiben	mit einem Ausstecher zu 8 Scheiben à 5 cm Durchmesser ausstechen.
2 EL Olivenöl	in einer Pfanne erhitzen, die Brotscheiben darin von beiden Seiten leicht anbraten und herausnehmen. Die Matjestatar-Türmchen mit einer Palette oder einem Pfannenwender vorsichtig auf die Brotscheiben setzen und die Ringe entfernen. Die Türmchen mit
Dillspitzen	garnieren und mit
Salz und Pfeffer	bestreuen.

Nizzasalat *mit Sardellen*

Für 4 Personen	*Zubereitungszeit: ca. 50 Min.*
4 mittelgroße fest kochende Kartoffeln	waschen und in
Salzwasser	als Pellkartoffeln garen. Inzwischen
4 Tomaten	waschen und in Scheiben schneiden. Die Scheiben nach Belieben halbieren.
150 g grüne Bohnen	putzen, waschen und in mundgerechte Stücke schneiden. In kochendem
Salzwasser	5 bis 8 Minuten bissfest blanchieren, kurz abschrecken und gut abtropfen lassen.
4 Eier	in
Salzwasser	ca. 6 Minuten wachsweich kochen, abschrecken, pellen und vierteln. Die Kartoffeln abgießen, kurz abdampfen lassen, pellen und in Scheiben schneiden.
50 g schwarze Oliven	entsteinen.
1 EL Kapern	abtropfen lassen.
8 eingelegte Sardellenfilets	unter kaltem Wasser abwaschen und mit Küchenkrepp trockentupfen.
1 Kopf Romanasalat	putzen, waschen und trockenschleudern. Alle Salatzutaten dekorativ auf Tellern oder in Schüsseln anrichten.
1 Knoblauchzehe	schälen und in feine Würfel schneiden. Mit
4 EL Kräuteressig, 80 ml Olivenöl, Salz und Pfeffer	verrühren und über den Salat geben. Zum Garnieren
2 kleine rote Zwiebeln	schälen, in feine Ringe schneiden und mit
1 EL gehackter Petersilie	über den Salat geben.

Eingelegter Feta *mit Cocktailtomaten*

Für 4 Personen — *Zubereitungszeit: ca. 25 Min. (plus ca. 12 Std. Marinierzeit)*

400 g Feta in 1 cm große Würfel schneiden.

400 g Cocktailtomaten waschen und mit dem Feta in eine flache Schale geben. Für die Marinade

125 ml Olivenöl, den Saft von 1 Limette, 1 EL eingelegte grüne Pfefferkörner, 1 EL gehackte Petersilie, 1 TL gehackten Salbei, 1 Prise gemahlenen Koriander, Salz und Pfeffer verrühren.

½ Stange Staudensellerie putzen und waschen, die harten Fäden abziehen und den Sellerie in kleine Würfel schneiden.

1 Knoblauchzehe schälen und in feine Würfel schneiden. Mit dem Sellerie in die Marinade geben. Feta und Tomaten mit der Marinade begießen und im Kühlschrank zugedeckt ca. 12 Stunden durchziehen lassen. Den Feta ca. 1 Stunde vor dem Servieren aus dem Kühlschrank nehmen, damit sich sein Aroma besser entfalten kann. Kurz vor dem Servieren

1 dünnes Baguette schräg in Scheiben schneiden, mit
etwas gesalzener Butter bestreichen und zu dem Feta servieren.

Mein Tipp:
Mittlerweile ist eine Vielzahl verschiedener Feta-Sorten im Handel. Ich persönlich bevorzuge immer sehr mild gesalzenen Feta mit einem relativ hohen Fettgehalt. Er ist besonders zart und cremig und intensiviert zudem das Aroma der anderen Zutaten.

Pikanter Obstsalat
mit Maispoulardenbrust

Für 4 Personen	*Zubereitungszeit: ca. 50 Min.*
4 Maispoulardenbrustfilets	waschen, trockentupfen und in feine Streifen schneiden.
2 Knoblauchzehen	schälen und in feine Würfel schneiden.
6 EL Sesamöl	in einer Pfanne erhitzen und die Maispoulardenstreifen darin kurz anbraten. Den Knoblauch dazugeben und kurz mitbraten. Das Fleisch mit
Salz und Pfeffer	würzen, mit dem verbliebenen Bratöl in eine große Schüssel geben und abkühlen lassen.
	Inzwischen für den Obstsalat
100 g Erdbeeren	waschen, trockentupfen, putzen und halbieren.
1 Mango	mit dem Sparschäler schälen, das Fruchtfleisch zunächst vom Stein schneiden und dann in 2 cm große Würfel schneiden. Die Kerne von
½ Papaya	mit einem Esslöffel entfernen, die Papaya schälen und das Fruchtfleisch ebenfalls in 2 cm große Würfel schneiden.
2 kleine Charentaismelonen	vierteln und die Kerne mit einem Esslöffel entfernen. Die Melonenviertel schälen und das Fruchtfleisch in feine Scheiben schneiden. Das Obst mit den Maispoulardenstreifen und dem Bratöl mischen.
1 EL Sesamsamen	in einer Pfanne ohne Fettzugabe rösten, bis sie zu duften beginnen.
2 rote Chilischoten	längs halbieren und die Kernchen mit einem spitzen Messer entfernen, die Schoten waschen und in sehr feine Würfel schneiden.
50 g Pekannusskerne	fein hacken.
1 TL Zucker, Salz und den Saft von 1 Limette	verrühren und mit dem Sesam, den Chiliwürfeln, den Nüssen und
1 EL gehacktem Koriandergrün	unter den Obstsalat heben. Den Obstsalat mit der Poulardenbrust anrichten und mit
Korianderblättchen	garnieren.

Mein Tipp:
Dieser Obstsalat eignet sich auch prima als Hauptgericht für heiße Sommertage, wenn der Hunger nicht groß ist.

Kartoffelpfannkuchentorte
mit Frischkäsefüllung

Für 6–8 Personen

Zubereitungszeit: ca. 1 1/4 Std.

Für die Kartoffelpfannkuchen

500 g mehlig kochende Kartoffeln	waschen und in
Salzwasser	als Pellkartoffeln garen.
	Inzwischen für die Füllung
40 g Pinienkerne	in einer Pfanne ohne Fettzugabe goldgelb rösten.
2 Schalotten	schälen, in feine Würfel schneiden und in
2 EL Olivenöl mit Limone	glasig dünsten. Die Pinienkerne dazugeben,
40 ml roten Portwein	angießen und vollständig einkochen lassen. Alles mit
1 EL gehacktem Thymian	würzen, leicht abkühlen lassen und mit
300 g Frischkäse	zu einer Creme verrühren. Die Kartoffeln abgießen, kurz abdampfen lassen, pellen und noch warm durch die Kartoffelpresse drücken. Den Backofen auf 200 °C vorheizen.
3 Schalotten	schälen, in feine Würfel schneiden, in
1 EL Butter	glasig dünsten und zu den Kartoffeln geben.
3 Eier	trennen. Die Eiweiße mit
1 Prise Salz	steif schlagen. Die Eigelbe mit
50 g Crème fraîche	verquirlen, mit den Kartoffeln glatt rühren und den Kartoffelteig mit
Salz und Muskatnuss	abschmecken.
3 EL gehackte Petersilie	sowie den Eischnee vorsichtig unterheben und den Teig in einen Spritzbeutel mit mittlerer Lochtülle füllen.
2 EL Öl	in einer beschichteten Pfanne erhitzen. Ein Viertel des Teigs von der Mitte her spiralförmig in das Öl spritzen (der Pfannkuchen sollte ca. 15 cm Durchmesser haben) und den Pfannkuchen im Backofen auf der zweiten Schiene von unten 4 bis 5 Minuten goldgelb backen. Nach dem gleichen Prinzip (jeweils mit 2 EL Öl zum Braten) 3 weitere Pfannkuchen backen und alle auskühlen lassen. Dann 3 Pfannkuchen mit der Frischkäsecreme bestreichen und zu einer Torte zusammensetzen. Den vierten Pfannkuchen als Deckel auflegen und leicht andrücken. Die Torte mit einem sehr scharfen Messer vorsichtig in 6 oder 8 gleich große Stücke schneiden, auf Tellern anrichten und mit
Kerbelblättchen	garnieren.

Mein Tipp:

Wenn Sie den Teig ins heiße Fett spritzen, achten Sie bitte darauf, dass die einzelnen Bahnen möglichst nahtlos aneinander liegen, sonst bekommt Ihr Pfannkuchen unschöne Löcher.

Bei diesem Rezept ist es sehr wichtig, dass die Pfannkuchen wirklich vollständig ausgekühlt sind, bevor Sie sie mit der Frischkäsecreme bestreichen. Sonst wird die Füllung durch die Restwärme zu weich und quillt aus der Torte. Servieren Sie zu meiner Pfannkuchentorte einen frischen Salat, z. B. einen Chicoréesalat mit einer leichten Vinaigrette.

Rindercarpaccio
mit gemischten Kräutern

Für 4 Personen
300 g Rinderfilet (Mittelstück)

Zubereitungszeit: ca. 35 Min. (plus ca. 2 Std. zum Anfrosten)
von Haut und Sehnen befreien und auf ein Schneidebrett legen. Das Filet ca. 1 cm über dem Schneidebrett längs horizontal einschneiden und dabei das obere Fleischteil nach hinten rollen. Den Schnitt in 1 cm Höhe horizontal zum Schneidebrett weiterführen. Dabei das obere Fleischteil immer weiter nach hinten rollen. So lange fortfahren, bis Sie am Ende des Fleisches angelangt sind und das Fleisch zu einer ca. 1 cm dicken, großen Scheibe zurechtgeschnitten haben. Die Oberseite der Fleischscheibe mit

Salz und Pfeffer
1 EL gehackte Petersilie,
1 EL Schnittlauchröllchen,
1 TL gehackten Estragon und
1 TL Thymianblättchen

würzen.

mischen und gleichmäßig auf dem Fleisch verteilen. Das Filet wie eine Roulade fest zusammenrollen und in Frischhaltefolie wickeln. Dann fest in Alufolie einrollen und ca. 2 Stunden ins Gefrierfach legen.

2 EL Sojasauce, den Saft von
1 Zitrone, 70 ml Olivenöl
mit Limone, Salz und Pfeffer
150 g gemischte Blattsalate

Salz und Pfeffer

zu einer Vinaigrette verrühren.
putzen, waschen, trockenschleudern und in mundgerechte Stücke zupfen. Vier Teller mit
bestreuen. Das angefrostete Rinderfilet auswickeln, mit einem sehr scharfen, glatten Messer (oder mit der elektrischen Aufschnittmaschine mit glatter Scheibe) in hauchdünne Scheiben schneiden und leicht überlappend auf die Teller legen. Die Filetscheiben mit einem Viertel der Vinaigrette beträufeln und mit dem Blattsalat und

Kerbelblättchen
50 g Pecorino

garnieren. Den Salat mit der restlichen Vinaigrette vermischen und in feinen Spänen darüber hobeln.

Mein Tipp:
Für Carpaccio nehme ich immer das Filetmittelstück, weil es in der Form schön gleichmäßig ist. Sollten Sie nach der Zubereitung weniger attraktive Filetabschnitte (Filetspitzen und -köpfe) übrig haben, können Sie diese prima für das Majoranfleisch mit Bandnudeln von Seite 201 verwenden.
Das Filet bekommt durch das Anfrosten eine festere Konsistenz und lässt sich so leichter in hauchdünne Scheiben schneiden.
Statt Pecorino können Sie auch Parmesan verwenden. Ihr Carpaccio wird dann würziger im Geschmack.

Reissalat
mit Hackbällchen

Für 6 Personen

Zubereitungszeit: ca. 1 Std.

2 Schalotten und	
3 Knoblauchzehen	schälen, in feine Würfel schneiden und in
3 EL Butter	glasig dünsten.
300 g Langkornreis	dazugeben und unter Rühren glasig dünsten.
150 ml trockenen Weißwein	
und 400 ml Gemüsebrühe	angießen, alles mit
Salz und Pfeffer	würzen und bei mittlerer Hitze offen ca. 10 Minuten köcheln lassen, bis die Flüssigkeit fast vollständig eingekocht ist. Dann den Deckel auflegen und den Reis auf der ausgeschalteten Herdplatte langsam gar ziehen lassen. Den Reis mit einer Gabel auflockern und abkühlen lassen. Inzwischen
100 g Lauch	putzen, waschen und in kleine Würfel schneiden.
Je 1 Schalotte und	
Knoblauchzehe	schälen und in feine Würfel schneiden.
2 rote Chilischoten	längs halbieren und die Kernchen mit einem spitzen Messer entfernen, die Schoten waschen und fein hacken. Das Gemüse in
1 EL Butter	andünsten und in eine große Schüssel geben.
300 g Hackfleisch (halb und halb), 1 Ei, 1–2 EL Semmelbrösel und etwas Salz	dazugeben und alles mit den Händen gut verkneten. Vom Hackteig mit einem Eisportionierer kleine Bällchen abstechen, diese eventuell mit angefeuchteten Hände leicht nachformen. Die Bällchen in
100 g Butterschmalz	von allen Seiten knusprig braun braten. Dann auf Küchenkrepp abtropfen lassen. Für den Salat
je 1 rote, gelbe und grüne Paprikaschote	längs halbieren, entkernen, waschen, mit einem Sparschäler schälen und in dünne Streifen schneiden.
200 g Mais (aus der Dose)	abtropfen lassen.
2 rote Zwiebeln	schälen und in feine Streifen schneiden.
4 Knoblauchzehen	schälen, in feine Würfel schneiden und mit den Zwiebeln in
3 EL Olivenöl	glasig dünsten. Die Paprikaschoten untermischen und kurz mitbraten. Dann den Mais dazugeben und alles mit
80 ml Balsamico bianco	ablöschen.
80 ml Olivenöl	untermischen und das Gemüse mit
edelsüßem Paprikapulver	kräftig würzen. Reis, Gemüse und Hackbällchen in einer großen Schüssel vorsichtig mischen und den Salat mit
Salz und Chilipulver	würzig abschmecken. Zuletzt
1 EL gehacktes Koriandergrün	unterheben.

Mein Tipp:

Durch das Garen in Weißwein und Brühe erhält der Reis ein wundervolles Aroma. Sollten Kinder mitessen, können Sie den Wein aber problemlos durch die entsprechende Menge Gemüsebrühe ersetzen.
Je kleiner Sie die Hackbällchen formen, umso attraktiver sieht Ihr Salat aus.

Käseblätter *mit Schinken und Rucola*

Für 4 Personen	*Zubereitungszeit: ca. 30 Min.*
	Den Backofen auf 220 °C vorheizen.
120 g Sahne	cremig schlagen.
Je 25 g Mehl und Speisestärke	mischen und vorsichtig unter die Sahne heben. Den Teig leicht mit
Salz und Pfeffer	würzen. Ein Backblech mit
1 EL Butter	ausfetten und mit etwas Mehl bestäuben. Aus dem Teig mit einer Palette oder einem Teigschaber dünne Plätzchen mit ca. 5 cm Durchmesser auf das Blech streichen.
80 g Rucola	putzen, waschen, trockenschleudern und in mundgerechte Stücke zupfen.
10 hauchdünne Scheiben gekochten Schinken	in mundgerechte Stücke schneiden. Die Teigkreise mit dem Rucola und dem Schinken belegen.
20 g Parmesan	dünn hobeln und auf die Teigkreise legen. Die Plätzchen auf der mittleren Schiene 5 bis 6 Minuten goldgelb backen. Mit einer Palette oder einem Pfannenwender vorsichtig vom Blech heben und lauwarm servieren.

Mein Tipp:
Ich empfehle Ihnen, das Gebäck immer frisch gebacken und lauwarm zu genießen. Nach dem Abkühlen werden die Käseblätter schnell weich und zäh. Servieren Sie die Käseblätter am besten zu einem guten Glas Weiß- oder Rotwein, denn dieser harmoniert hervorragend mit dem pikanten Gebäck. Wenn Sie statt gekochtem Schinken Parmaschinken nehmen, schmecken die Käseblätter besonders würzig.

Tomatenspießchen *mit Radieschenblätter-Pesto*

Für 4 Personen	*Zubereitungszeit: ca. 30 Min.*
200 g Cocktailtomaten	waschen.
200 g Babymozzarella-Kugeln	abtropfen lassen, mit den Tomaten in eine Schüssel geben und mit
Salz und Pfeffer	würzen.
50 ml Olivenöl mit Limone	darüber gießen und alles vorsichtig mischen.
	Für das Pesto
15 g Pinienkerne	in einer Pfanne ohne Fettzugabe goldgelb rösten.
2 Knoblauchzehen	schälen und grob hacken.
100 g sehr frische	
Radieschenblätter	putzen, waschen, trockenschleudern und in Streifen schneiden.
	Die Pinienkerne, den Knoblauch und die Radieschenblätter mit
100 ml Olivenöl	pürieren, bis eine homogene Paste entstanden ist. Das Radieschenblätter-Pesto mit
Salz und Pfeffer	abschmecken. Die Tomaten und die Mozzarellakugeln abtropfen lassen, abwechselnd auf Spieße stecken und mit dem Radieschenblätter-Pesto anrichten. Dazu frisches Baguette oder Ciabatta servieren.

Mein Tipp:
Bei der Zubereitung des Pestos nehme ich immer den Pürierstab, denn mit ihm lassen sich solch kleine Zutatenmengen optimal verarbeiten. Die Küchenmaschine hingegen ist eher für größere Mengen geeignet.
Zur Abwechslung kann man statt der Mozzarellakugeln auch einmal Fetawürfel verwenden.

Nudelsalat *mit Käsestreifen*

Für 4 Personen	*Zubereitungszeit: ca. 1 Std.*
Reichlich Salzwasser	zum Kochen bringen und
250 g Penne	darin nach Packungsanweisung bissfest garen. Die Nudeln abgießen, kurz abschrecken und gut abtropfen lassen. In eine große Schüssel geben, mit
2 EL Olivenöl	beträufeln und alles gut mischen.
1 Möhre	putzen und schälen.
1 rote Paprikaschote	längs halbieren, entkernen, waschen und mit einem Sparschäler schälen.
100 g Staudensellerie	putzen, waschen und die harten Fäden abziehen.
100 g Frühlingszwiebeln	putzen und waschen. Das gesamte Gemüse in kleine Würfel, feine Streifen oder Scheiben schneiden.
Reichlich Salzwasser	zum Kochen bringen. Möhren und Sellerie darin bissfest blanchieren, kurz abschrecken und gut abtropfen lassen.
4 Schalotten und	
2 Knoblauchzehen	schälen. Die Schalotten in Streifen, den Knoblauch in feine Würfel schneiden. Beides in
60 ml Olivenöl	glasig dünsten. Das vorbereitete Gemüse und
1 TL edelsüßes Paprikapulver	dazugeben, alles kurz durchschwenken und mit
60 ml Gemüsebrühe und	
4 EL Balsamico bianco	ablöschen. Die Gemüsemischung auf die Nudeln geben, den Salat gut mischen und mit
Salz und Pfeffer	würzen.
150 g alten Gouda	in dünne Streifen schneiden und mit
je 1 TL Schnittlauchröllchen	
und gehackter Petersilie	unter den Salat heben. Den Nudelsalat vor dem Servieren noch ca. 15 Minuten durchziehen lassen. Mit
Petersilienblättchen	garnieren.

Tortillasalat *mit Hackfleisch und Avocado*

Für 4 Personen *Zubereitungszeit: ca. 35 Min.*

Je 1 Zwiebel und	
Knoblauchzehe	schälen, in feine Würfel schneiden und in
4–6 EL Olivenöl	glasig dünsten.
200 g Rinderhackfleisch	dazugeben, kräftig anbraten und in eine Schüssel geben.
2 unbehandelte Limetten	heiß abwaschen, gut abtrocknen und die Schale fein abreiben. Die Limetten auspressen.
3 EL Ketchup	mit der Limettenschale und dem -saft unter das Hackfleisch rühren und alles mit
Salz, Pfeffer und Chilipulver	abschmecken.
2 reife Avocados	schälen, halbieren und die Steine entfernen. Das Fruchtfleisch in dünne Spalten schneiden.
100 g Mais (aus der Dose)	abtropfen lassen. Avocadospalten und Maiskörner mit der noch lauwarmen Hackfleischmischung und
100 g Tortillachips	auf Tellern anrichten. Zuletzt
80 g Feta	leicht zerbröckeln und über den Salat streuen. Mit
Korianderblättchen	garnieren.

Mein Tipp:
Nehmen Sie für dieses Rezept bitte nur ungewürzte Tortillachips. Mit Chilipulver oder anderen Würzmischungen verfeinerte Chips überdecken das Aroma des Hackfleischs.

Ziegenkäsebällchen
auf Apfel-Trauben-Salat

Für 4 Personen	*Zubereitungszeit: ca. 45 Min.*
250 g Ziegenfrischkäse	in einem sauberen Stofftuch gut ausdrücken und aus der Masse mit einem Eisportionierer 3 bis 4 cm große Kugeln formen.
70 g geschälte Kürbiskerne	fein hacken und in einer Pfanne ohne Fettzugabe rösten, bis sie zu duften beginnen. In eine Schüssel geben, mit
Salz	würzen und abkühlen lassen.
70 g gemahlene Mandeln	ebenfalls in der Pfanne ohne Fettzugabe rösten, bis sie zu duften beginnen. In eine zweite Schüssel geben, mit
Salz	würzen und abkühlen lassen. Die Hälfte der Ziegenkäsebällchen in den Mandeln, die andere Hälfte in den gehackten Kürbiskernen wälzen. Die Panade leicht andrücken und die Bällchen zugedeckt kühl stellen. In der Zwischenzeit
je 150 g blaue und helle Weintrauben	waschen, trockentupfen und halbieren. Die Kernchen mit einem spitzen Messer entfernen.
30 g Walnusskernhälften	grob hacken.
1 säuerlichen Apfel (z. B. Granny Smith)	waschen und ungeschält vierteln. Das Kerngehäuse herausschneiden und das Fruchtfleisch in feine Würfel schneiden.
1 EL Honig und 1 EL Butter	in einer Pfanne zerlassen und die Apfelwürfel darin andünsten, ohne dass sie Farbe annehmen. Mit
Chilipulver	würzen. Die Walnüsse darunter mischen und die Pfanne vom Herd nehmen. Wenn die Äpfel lauwarm sind, die Trauben untermischen und den Salat mit
Aceto balsamico, 2 EL Walnussöl, Salz und Pfeffer	mischen. Die Käsebällchen mit dem Traubensalat auf Tellern anrichten.

Mein Tipp:

Ein gutes Glas Gewürztraminer mit einer leichten Süße macht aus diesem einfachen Rezept im Handumdrehen ein raffiniertes Gericht für Gäste.

Wenn Sie keinen Eisportionierer haben, können Sie die Käsemasse auch mit den Händen vorsichtig zu Bällchen formen. Dann empfehle ich aber, dünne Latex-Einweghandschuhe zu tragen – das ist hygienischer und erspart Ihnen zudem das lästige Reinigen der Hände.

Statt Kürbiskernen und gemahlenen Mandeln können Sie zum Wälzen auch fein gehackte Walnusskernhälften oder Schnittlauchröllchen nehmen.

Warme Vorspeisen & Suppen

Goldbarsch-Beignets
mit Zitrus-Chutney

Für 4 Personen

Zubereitungszeit: ca. 1 Std.

Für das Chutney

120 g rote Zwiebeln schälen, halbieren und in feine Streifen schneiden.

1 rote Chilischote längs halbieren und die Kernchen mit einem spitzen Messer entfernen, die Schote waschen und in sehr feine Würfel schneiden.

3 Orangen sowie je 1 Limette und Zitrone sorgfältig schälen, sodass auch die weiße Haut mit entfernt wird, und die Filets mit einem Messer herausschneiden.

3 EL Zucker und 1 EL Honig in einem kleinen Topf unter Rühren schmelzen lassen. Die Zwiebeln darin kurz andünsten.

40 ml Balsamico bianco, Salz und die Chiliwürfel hinzufügen und alles bei milder Hitze unter Rühren sirupartig einköcheln lassen. Die Zitrusfruchtfilets und die

abgeriebene Schale von je ½ unbehandelten Orange und Limette untermischen und das Chutney beiseite stellen.

500 g Goldbarschfilets waschen, trockentupfen und eventuell vorhandene Gräten entfernen. Die Filets in ca. 30 g schwere Stücke schneiden und mit

Salz und Pfeffer würzen.

1 Eigelb, 200 ml eiskalten trockenen Weißwein, 65 g Mehl, 65 g Speisestärke und Salz zu einem glatten Teig verrühren (das geht am besten mit dem Pürierstab oder mit dem Handrührgerät).

250 ml Öl zum Frittieren auf ca. 180 °C erhitzen. Die Fischstücke in

ca. 80 g Mehl wenden, mit einer Gabel vorsichtig durch den Teig ziehen und portionsweise im heißen Fett goldbraun ausbacken. Auf Küchenkrepp abtropfen lassen und eventuell mit

Salz bestreuen. Das Zitrus-Chutney mit den Beignets servieren und mit

Petersilienblättchen garnieren.

Mein Tipp:

So filetieren Sie Zitrusfrüchte: Zuerst von der Frucht oben und unten einen Deckel abschneiden. Die Frucht anschließend auf eine der Schnittflächen legen und die seitliche Schale in Streifen senkrecht vom Fruchtfleisch abschneiden. Wichtig ist, dass Sie dabei auch die weiße Haut vollständig entfernen. Anschließend das Fruchtfleisch mit einem kleinen Messer jeweils direkt neben den dünnen Zwischenhäuten bis zur Mitte einschneiden und die Fruchtfilets vorsichtig herauslösen.

Gebackene Sardinen *mit Marinade*

Für 4 Personen *Zubereitungszeit: ca. 1 Std.*

Je 200 g rote und weiße Zwiebeln sowie 4 Knoblauchzehen schälen, halbieren, in feine Streifen schneiden und in glasig dünsten.

4 EL Olivenöl
1 EL Zucker dazugeben und unter Rühren bei milder Hitze schmelzen lassen. Mit

250 ml trockenem Weißwein und 50 ml Balsamico bianco ablöschen und alles aufkochen lassen.

150 ml Gemüsebrühe angießen und alles auf ein Drittel einkochen lassen.

80 g Pinienkerne und
40 g Rosinen hinzufügen. Den Sud noch etwas einköcheln lassen, anschließend vom Herd nehmen.

500 g ausgenommene frische Sardinen unter fließendem kaltem Wasser innen und außen waschen und mit Küchenkrepp sehr gut trockentupfen.

250 ml Öl zum Frittieren auf 180 °C erhitzen. Die Sardinen in
ca. 80 g Mehl wenden und im heißen Fett portionsweise ausbacken. Auf Küchenkrepp abtropfen lassen und mit

Salz und Pfeffer würzen. Die Sardinen auf eine große Platte geben, mit der Marinade übergießen und mit

gehackter Petersilie bestreuen. Dazu
frisches Baguette oder Ciabatta servieren.

Mein Tipp:
Wer es im Geschmack kräftiger liebt, kann für den Sud statt Weißwein einen würzigen trockenen Rotwein verwenden und den Balsamico bianco durch Aceto balsamico ersetzen. Zum Schluss alles noch mit 1 TL Honig abrunden.

Riesengarnelen *in Kartoffelspaghetti*

Für 4 Personen	*Zubereitungszeit: ca. 40 Min.*
	Für die Vinaigrette
1 Knoblauchzehe	schälen und in feine Würfel schneiden. Mit
3 EL Balsamico bianco,	
Salz, Zucker und Pfeffer	verrühren und
100 ml Olivenöl	darunter schlagen.
100 g in Öl eingelegte,	
getrocknete Tomaten	auf Küchenkrepp abtropfen lassen, in feine Würfel schneiden und mit
1 TL mittelscharfem Senf und	
1 TL gehackter Petersilie	unter die Vinaigrette mischen.
12 küchenfertige Riesengarnelen	
(bis auf das Schwanzstück	
geschält)	waschen und sorgfältig trockentupfen.
2 große fest kochende Kartoffeln	schälen, waschen und mit einer speziellen Kartoffel-Gemüse-Maschine (siehe Tipp) zu langen Spaghetti schneiden. Die Garnelen mit
Salz und Pfeffer	würzen und in die Kartoffelspaghetti wickeln.
250 ml Öl zum Frittieren	auf 180 °C erhitzen. Die Garnelen darin goldgelb ausbacken und auf Küchenkrepp abtropfen lassen. Die Garnelen mit der Tomatenvinaigrette auf Tellern anrichten.

Mein Tipp:
Für die Herstellung der Kartoffelspaghetti benötigen Sie ein spezielles Gerät, den »Turning Slicer«. Auf Seite 255 finden Sie die Bestelladresse.
Bei diesem Rezept ist es sehr wichtig, dass Sie die Garnelen fest in die Kartoffelspaghetti einwickeln und diese leicht andrücken, damit der Kartoffelmantel nicht aufgehen kann. Außerdem empfehle ich, die umwickelten Garnelen mit einem Sieblöffel vorsichtig ins heiße Fett zu geben.

Gebratene Garnelenspieße
mit Kokosschaum und Glasnudeln

Für 6 Personen

Zubereitungszeit: ca. 40 Min.

12 küchenfertige Riesengarnelen (bis auf das Schwanzstück geschält) waschen, sorgfältig trockentupfen und auf vier große Spieße stecken.

100 g Glasnudeln 10 Minuten in heißem Wasser einweichen, anschließend abgießen.

Je 1 TL Austern- und Fischsauce, 1 EL Sesamöl und etwas gemahlenen Koriander Salz verrühren. Die Nudeln darin marinieren und mit abschmecken.

Für den Kokosschaum

1 rote Chilischote längs halbieren und die Kernchen mit einem spitzen Messer entfernen, die Schote waschen und in große Würfel schneiden.

60 g Ingwerwurzel und 4 Schalotten schälen und ebenfalls in große Würfel schneiden. Die Chili-, Ingwer- und Schalottenwürfel in

1 EL Sesamöl andünsten.

250 ml ungesüßte Kokosmilch und 3 Stangen Zitronengras Salz und Pfeffer dazugeben. Alles mit abschmecken, etwas einkochen lassen, durch ein Sieb passieren und warm halten. Die Garnelenspieße in

2–3 EL Sesamöl von beiden Seiten braten und mit

Salz und Pfeffer würzen. Die Spieße mit

3 EL Butter glasieren und

1 EL gehackte Petersilie untermischen. Die Kokossauce mit dem Pürierstab schaumig aufmixen und mit den Spießen und den Nudeln anrichten.

Mein Tipp:
Braten Sie Garnelen immer sehr behutsam. Bekommen sie zu viel Hitze oder gart man sie zu lange, werden sie zäh und fest.
Glasnudeln werden aus Reismehl und der Stärke von Mungobohnen oder Meeresalgen hergestellt. Erst beim Einweichen in heißem Wasser werden die ursprünglich spröden Nudeln glasig und geschmeidig.

Rosmarin-Lamm-Spießchen
mit Tsatsiki

Für 4 Personen	*Zubereitungszeit: ca. 50 Min. (plus ca. 12 Std. Marinierzeit)*
500 g Lammrückenfilet	von Haut und Sehnen befreien, waschen, trockentupfen und in ca. 2 cm große Würfel schneiden.
8 kräftige Rosmarinzweige	auf 8 cm Länge zuschneiden und alle Nadeln – bis auf die an den Zweigspitzen – vorsichtig abstreifen.
8 Cocktailtomaten	waschen. Die Fleischwürfel mit einem Schaschlikspieß durchbohren und mit den Cocktailtomaten abwechselnd auf die Rosmarinzweige spießen.
3 Knoblauchzehen und 1 Schalotte	schälen und in Scheiben schneiden. Mit
80 ml Olivenöl und Pfeffer	verrühren. Die Spießchen in einer flachen Schale mit dem Knoblauchöl übergießen und im Kühlschrank zugedeckt ca. 12 Stunden marinieren. Für das Tsatsiki
½ Salatgurke (300 g)	schälen, längs halbieren und die Kerne mit einem Teelöffel entfernen. Die Gurke fein raspeln, mit
Salz	bestreuen und zum Abtropfen in ein Sieb geben.
50 g Quark (20 % Fett), 150 g Naturjoghurt und 3 EL Milch	glatt rühren.
2 Knoblauchzehen	schälen, in feine Würfel schneiden und mit
1 EL gehackter Petersilie	unterrühren. Das Tsatsiki mit
Salz und Chilipulver	abschmecken. Die Lammspießchen aus der Marinade nehmen und gut abtropfen lassen. Die Marinade durch ein Sieb gießen. 3 EL vom aufgefangenen Öl in einer Pfanne erhitzen, die Spießchen darin von allen Seiten goldbraun braten und mit
Salz	würzen. Die Pfanne von der Herdplatte nehmen und
3 EL Butter sowie 1 EL gehackte Petersilie	hineingeben. Die Spießchen darin kurz unter Wenden ziehen lassen. Die abgetropften Gurkenraspel unter den Joghurt mischen und das Tsatsiki mit den Lammspießchen anrichten.

Mein Tipp:

Auch wenn Knoblauchpressen auf den ersten Blick äußerst praktisch sind, nehme ich sie in meiner Küche nie. Denn beim Zerdrücken tritt recht viel Saft aus und der Knoblauch schmeckt dann im Gericht zu stark vor.

Mischen Sie die Gurkenraspel immer erst kurz vor dem Servieren unter das Tsatsiki, sonst ziehen sie Wasser.

Meine Rosmarin-Lamm-Spießchen eignen sich auch prima zum Grillen. Servieren Sie dazu den Mediterranen Gemüsesalat von Seite 30 und Sie haben ein leckeres Hauptgericht.

Hähnchen im Speckmantel
mit Balsamicolinsen

Für 4 Personen	*Zubereitungszeit: ca. 1 1/4 Std. (plus ca. 12 Std. Einweichzeit für die Linsen)*
150 g grüne Linsen	über Nacht in kaltem Wasser einweichen.
	Am nächsten Tag
400 g fest kochende Kartoffeln	schälen, waschen und in kleine Würfel schneiden.
Je 2 Schalotten und	
Knoblauchzehen	schälen und in feine Würfel schneiden.
1 mittelgroße Möhre und	
je 100 g Staudensellerie und	
Frühlingszwiebeln	putzen, schälen bzw. waschen und ebenfalls in kleine Würfel schneiden.

Die Linsen abgießen, kalt abbrausen und abtropfen lassen. Die Schalotten und den Knoblauch in

2 EL Olivenöl glasig dünsten, mit

70 ml trockenem Weißwein ablöschen und

250 ml Geflügelfond angießen. Die Linsen unterrühren und bei mittlerer Hitze zugedeckt 20 bis 25 Minuten garen.

Inzwischen

3 Hähnchenbrustfilets (à 200 g) waschen, trockentupfen und in 12 gleich große Stücke schneiden.

12 frische Lorbeerblätter waschen und trockentupfen.

12 Scheiben Pancetta (ital. Bauchspeck) nebeneinander auslegen. Auf jede Schinkenscheibe 1 Lorbeerblatt und 1 Stück Hähnchenbrust legen, alles mit

Salz und Pfeffer würzen, fest zusammenrollen und mit Holzzahnstochern feststecken.

Die Kartoffelwürfel in

4 EL Olivenöl bei mittlerer Hitze 5 bis 6 Minuten goldbraun braten. Dann auf Küchenkrepp abtropfen lassen. Die rohen Gemüsewürfel zu den Linsen geben und 5 bis 6 Minuten zugedeckt mitgaren.

2–3 EL Balsamico bianco,
2 EL Butter und
2 EL gehackte Petersilie sowie die Kartoffelwürfel unter das Linsengemüse mischen. Mit

Salz und Pfeffer abschmecken und zugedeckt warm halten. Die Speckröllchen in

3 EL Olivenöl bei mittlerer Hitze von allen Seiten anbraten.

2 EL Butter, 1/2 ungeschälte, junge Knoblauchknolle sowie 3 Thymian- und 2 Rosmarinzweige dazugeben. Die Röllchen bei milder Hitze zugedeckt 3 bis 4 Minuten garen. Mit dem Linsengemüse anrichten und mit

Petersilienblättchen garnieren.

Mein Tipp:
Bitte salzen Sie Linsen (wie auch alle anderen Hülsenfrüchte) immer erst nach dem Garen. Wenn man Salz ins Kochwasser gibt, werden die Hülsenfrüchte nicht weich.
Mein Wickel-Trick: Durch den Speckmantel bleibt die Hähnchenbrust schön saftig und erhält zudem ein würziges Aroma.

Blätterteigecken *mit Leberwurstfüllung*

Für 4 Personen	*Zubereitungszeit: ca. 50 Min.*
300 g Tiefkühl-Blätterteig	aus der Packung nehmen, die Platten nebeneinander auf die Arbeitsplatte legen und auftauen lassen.
	Inzwischen für die Füllung
250 g grobe Leberwurst	enthäuten.
1 säuerlichen Apfel	
(z. B. Boskoop)	schälen und vierteln, das Kerngehäuse herausschneiden und den Apfel in sehr kleine Würfel schneiden.
1 Majoranzweig	waschen und trockenschütteln, die Blättchen abzupfen und fein hacken. Leberwurst, Apfel und Majoran gut verrühren und mit
Salz und Pfeffer	würzen. Den Backofen auf 200 °C vorheizen.
2 Eigelb	verquirlen. Die Teigplatten rechteckig ausrollen und in 8 gleich große Quadrate schneiden. Die Teigränder mit der Hälfte des Eigelbs bestreichen. Jeweils ein Achtel der Leberwurstmasse in die Mitte eines Teigquadrats geben und dieses dann über Eck zu einem Dreieck zusammenklappen. Die Ränder gut festdrücken und die Oberfläche mit dem restlichen Eigelb bestreichen. Ein Backblech mit Backpapier auslegen. Die Blätterteigecken darauf legen und im Backofen auf der mittleren Schiene 10 bis 15 Minuten goldgelb backen.

Mein Tipp:

Statt der Leberwurst können Sie für die Füllung auch einmal magere Blutwurst nehmen.

Drücken Sie die Ränder des Blätterteigs immer sehr fest zusammen. Nur so können Sie sicher sein, dass die Füllung beim Backen nicht ausläuft.

Kartoffel-Leberwurst-Chips *mit Beerendip*

Für 4 Personen	*Zubereitungszeit: ca. 45 Min.*
200 g Feldsalat	putzen, waschen und trockenschleudern.
2 EL Balsamico bianco,	
5 EL Walnussöl,	
Salz und Pfeffer	zu einer Vinaigrette verrühren.
2 EL Pinienkerne	in einer Pfanne ohne Fettzugabe goldgelb rösten.
70 g rotes Johannisbeergelee,	
1 EL Weißweinessig,	
1 EL Portwein und Chilipulver	zu einem Dip verrühren.
160 g sehr magere Leberwurst (3 cm Durchmesser, ohne Darm)	in 16 ca. ½ cm dicke Scheiben schneiden.
2 sehr große fest kochende Kartoffeln (à 200 g)	schälen, waschen und längs in hauchdünne Scheiben schneiden bzw. hobeln (am besten mit einem Trüffelhobel). Insgesamt werden 32 Scheiben benötigt. 16 Kartoffelscheiben an den Rändern mit
1 verquirlten Eiweiß	bestreichen, mit
Salz und Pfeffer	würzen und mit je 1 Leberwurstscheibe belegen.
16 Majoranblättchen	darauf verteilen. Nun je 1 Kartoffelscheibe darauf legen und die Ränder sehr gut zusammendrücken.
200 ml Öl zum Frittieren	auf 180 °C erhitzen. Die Kartoffelchips darin goldgelb ausbacken und kurz auf Küchenkrepp abtropfen lassen. Den Feldsalat mit der Vinaigrette mischen und mit den gerösteten Pinienkernen bestreuen. Mit den Kartoffelchips und dem Beerendip auf Tellern anrichten.

Mein Tipp:

Statt Leberwurst können Sie auch sehr magere Blutwurst verwenden.

Bratwursttorte
mit Sauerkraut und Röstzwiebeln

Für 8–10 Personen

Zubereitungszeit: ca. 1 1/4 Std. (plus ca. 1 Std. Kühlzeit für den Teig)

300 g Mehl, 150 g kalte Butterstückchen und 1 TL Salz
in einer Schüssel zu Krümeln verreiben.

1 Ei
und nach und nach 4 bis 6 EL Wasser dazugeben. Alles rasch zu einem glatten Teig verkneten, zu einer Kugel formen, in Frischhaltefolie einwickeln und ca. 1 Stunde kühl stellen.
Nach der Kühlzeit den Backofen auf 180 °C vorheizen.
Eine Springform (26 cm Durchmesser) mit

1 TL Butter
ausfetten. Die Arbeitsplatte mit

etwas Mehl
bestäuben, zwei Drittel des Teigs darauf auf Springformgröße ausrollen und in die Form legen. Den restlichen Teig zu einem ca. 3 cm breiten, langen Streifen ausrollen, diesen als Rand in die Form legen und durch Andrücken mit dem Boden verbinden. Den Teig mit einer Gabel mehrmals einstechen, mit einem großen Stück Alufolie bedecken und

ca. 200 g getrocknete Linsen
zum Blindbacken darauf geben. Den Boden im Backofen auf der untersten Schiene ca. 10 Minuten backen. Herausnehmen, auskühlen lassen und erst dann Linsen und Alufolie vorsichtig entfernen. Die Backofentemperatur auf 200 °C erhöhen.

400 g Sauerkraut (aus der Dose)
in einem Stofftuch gut ausdrücken und gleichmäßig auf dem Teig verteilen.

4 rohe, grobe Bratwurstschnecken (à 120 g)
einzeln auseinander rollen, dann zu einer großen Schnecke zusammenrollen (sie muss in eine große Pfanne passen). Die Schnecke mit Holzzahnstochern feststecken, dann in

2 EL Öl
von beiden Seiten goldbraun braten. Herausnehmen, die Zahnstocher entfernen und die Schnecke auf das Sauerkraut legen.

150 ml Milch, 300 g Sahne, 3 Eier und 3 Eigelb
verquirlen. Den Guss mit

Salz, Pfeffer und Muskatnuss
kräftig würzen und auf die Torte gießen. Im Backofen auf der mittleren Schiene ca. 25 Minuten backen, bis der Guss gestockt ist. Dann herausnehmen und in der Form etwas abkühlen lassen. Inzwischen

100 ml Öl zum Frittieren
auf 180 °C erhitzen.

2 große Gemüsezwiebeln
schälen, in dünne Ringe schneiden und im heißen Fett goldgelb frittieren. Den Rand der Springform vorsichtig entfernen. Die Bratwursttorte in 8 bis 12 Stücke schneiden und mit den Röstzwiebeln anrichten.

Mein Tipp:
Bei der Bratwursttorte muss der Teig unbedingt vorgebacken werden, damit der Boden später durch den feuchten Belag nicht durchweicht. Auch wenn ich Dosenprodukte eigentlich ablehne, empfehle ich für diese pikante Torte Sauerkraut aus der Konserve. Es ist bereits vorgegart und hat daher nach der Backzeit genau die richtige Konsistenz. Selbstverständlich können Sie auch frisches Sauerkraut nehmen, jedoch müssen Sie es erst weich garen, bevor es auf den Teig darf.

Spinat-Oliven-Gnocchi
mit Parmesan

Für 4 Personen	*Zubereitungszeit: ca. 40 Min.*
100 g Blattspinat	putzen, waschen und in reichlich
Salzwasser	ca. 10 Sekunden blanchieren. Sofort in eiskaltem Wasser abschrecken, gut abtropfen lassen, sehr fest ausdrücken und fein pürieren (es werden 2 EL Spinatpüree benötigt).
160 g entsteinte grüne Oliven	mit
3 EL Olivenöl	fein pürieren.
130 g Weißbrot	entrinden und mit dem Pürierstab zerbröseln.
160 g Quark (20 % Fett)	durch ein feines Sieb streichen. Mit
50 g geriebenem Parmesan,	
2 EL Mehl, 1 Ei	sowie 2 EL Spinatpüree, dem Olivenpüree und dem Weißbrot zu einem glatten Teig verrühren.
Reichlich Salzwasser	zum Kochen bringen. Die Arbeitsplatte mit
Mehl	bestäuben. Den Teig darauf mit bemehlten Händen zu 1 ½ bis 2 cm dicken Rollen formen. Diese in ca. 1 ½ cm große Stücke schneiden und zu olivenförmigen Gnocchi modellieren. Die Gnocchi im heißen Wasser ziehen lassen, bis sie an der Oberfläche schwimmen. Mit einem Sieblöffel herausnehmen, kurz abschrecken und gut abtropfen lassen.
150 g entsteinte schwarze Oliven	halbieren.
2 Tomaten	über Kreuz einritzen, kurz überbrühen, abschrecken und enthäuten. Anschließend vierteln, entkernen und in feine Streifen schneiden.
2 Knoblauchzehen und	
1 Schalotte	schälen, in feine Würfel schneiden und in
4 EL Olivenöl	anbraten, bis sie leicht Farbe angenommen haben. Die Oliven untermischen. Die Gnocchi vorsichtig unterheben und kurz mitbraten. Mit
Salz und Pfeffer	abschmecken und die Tomatenstreifen kurz mitdünsten. Die Gnocchi auf Tellern anrichten.
60 g Parmesan	darüber hobeln und alles mit
1 EL gehackter Petersilie	bestreuen.

Mein Tipp:

Ich empfehle für dieses Rezept ausschließlich frischen Spinat, denn nur er gibt den Gnocchi die schöne grüne Farbe.

Das Wasser zum Abschrecken des Spinats muss wirklich eiskalt sein, damit das leuchtende Grün des Gemüses erhalten bleibt. Daher gebe ich ihm noch einige Eiswürfel bei.

Den frischen Spinat müssen Sie nach dem Abschrecken immer sehr kräftig ausdrücken, damit die Gnocchimasse auch die gewünschte Konsistenz erhält.

Spargel-Speck-Spieße *mit Weißweinsabayon*

Für 4 Personen   *Zubereitungszeit: ca. 45 Min.*

36 weiße und 24 grüne
Spargelspitzen   auf ca. 6 cm Länge zurechtschneiden und in reichlich kochendem
Salzwasser   ca. 5 Minuten bissfest blanchieren. Dann herausheben, kurz abschrecken
                            und gut abtropfen lassen.

12 Scheiben Frühstücksspeck   nebeneinander auslegen. Jeweils 1 Speckscheibe abwechselnd mit 3 weißen
                            und 2 grünen Spargelspitzen wellenartig auf einen langen Holzspieß
                            stecken (siehe Foto).
                            Für das Weißweinsabayon

3 Eigelb und
100 ml trockenen Weißwein   in einer Schüssel verquirlen. Die Mischung über einem heißen Wasserbad
                            cremig aufschlagen, dann vom Wasserbad nehmen und nach und nach
100 g weiche Butter   unterrühren. Das Sabayon mit
Salz, Cayennepfeffer und
1 Spritzer Zitronensaft   abschmecken.
4 EL Butter   zerlassen. Die Spargelspieße damit bestreichen und auf dem Grill oder
                            in einer Grillpfanne von beiden Seiten ca. 6 Minuten braten. Dabei mit
Salz und Pfeffer   würzen. Die Spargelspieße mit dem Weißweinsabayon anrichten.

Mein Tipp:
Spargelspitzen müssen nicht geschält werden, denn ihre Schale kann prob-
lemlos mitgegessen werden.
Für ein gelungenes Sabayon ist es wichtig, dass die Eigelbmischung wirklich
so lange über dem Wasserbad aufgeschlagen wird, bis sie schön cremig ist.

Makkaroni-Bohnen-Bündel *mit Tomatensauce*

Für 4 Personen	*Zubereitungszeit: ca. 1 Std.*
120 g Makkaroni	in reichlich kochendem
Salzwasser	nach Packungsanweisung bissfest garen. Dann abgießen, kurz abschrecken und gut abtropfen lassen.
200 g Keniabohnen	putzen, waschen und in kochendem
Salzwasser	6 bis 8 Minuten bissfest blanchieren. Abgießen, kurz abschrecken und gut abtropfen lassen. Die Makkaroni jeweils in 4 gleich lange Stücke schneiden. Bohnen und Makkaroni zu 12 gemischten Bündeln zusammenfassen, mit
12 Scheiben Frühstücksspeck	fest umwickeln und den Speck jeweils mit einem Holzzahnstocher feststecken. Für die Tomatensauce
350 g Tomaten	über Kreuz einritzen, kurz überbrühen, abschrecken und enthäuten. Anschließend vierteln, entkernen und in kleine Würfel schneiden.
1 Zwiebel und	
2 Knoblauchzehen	schälen, in feine Würfel schneiden und in
4 EL Olivenöl	glasig dünsten. Die Tomaten dazugeben und bei milder Hitze ca. 10 Minuten dünsten.
2 EL gehackten Oregano	untermischen, alles mit
Salz und Chilipulver	würzig abschmecken, fein pürieren und zugedeckt warm halten. Die Makkaroni-Bohnen-Bündel in einer beschichteten Pfanne in
2 EL Butter	von allen Seiten anbraten. Dann mit
Salz, Pfeffer und	
2 EL gehacktem Bohnenkraut	würzen und mit der Tomatensauce anrichten.

Mein Tipp:
Statt der Tomatensauce passt auch eine Schinken-Sahne-Sauce gut zu den Makkaroni-Bohnen-Bündeln.

Oliventoast
mit Rucola und gebratenem Lachs

Für 4 Personen	*Zubereitungszeit: ca. 1 Std.*
	Den Backofen auf 200 °C vorheizen. Von
1 Kastenweißbrot	
(500 g, vom Vortag)	der Länge nach 4 ca. 20 cm lange und 4 mm dicke Scheiben abschneiden und auf ein mit Backpapier ausgelegtes Backblech legen. Darauf zunächst ein weiteres Backpapier, dann ein zweites Backblech legen. Das Weißbrot im Backofen auf der mittleren Schiene ca. 10 Minuten goldbraun backen. Die Scheiben vom Blech nehmen, abkühlen lassen und danach dünn mit
2 EL schwarzer Olivenpaste	bestreichen. Vier Teller mit
Salz	bestreuen, mit
4 EL Olivenöl mit Limone und	
2 EL Balsamico bianco	beträufeln und die Brotscheiben darauf legen. Für den Salat
200 g Rucola	putzen, waschen und trockenschleudern.
½ Bund Radieschen	putzen, waschen und in Scheiben schneiden.
30 g Haselnusskerne	hacken und in einer Pfanne ohne Fettzugabe rösten.
1 Schalotte	schälen und in feine Würfel schneiden.
3–5 EL Aceto balsamico,	
5–6 EL Nussöl,	
Salz und Pfeffer	zu einer Marinade verrühren, die Nüsse und die Schalottenwürfel hineingeben.
400 g Lachsfilet (ohne Haut)	waschen, trockentupfen und in große Stücke schneiden.
3 EL Olivenöl	mit
2 Thymianzweigen und	
4 ungeschälten, leicht ange-	
drückten Knoblauchzehen	erhitzen. Die Lachsstücke darin von jeder Seite ca. 1 Minute braten, dass sie innen noch leicht rosa sind.
4 EL Butter	mit in die Pfanne geben und erhitzen. Den Lachs mit
Salz und Pfeffer	würzen und mehrmals mit der Butter übergießen. Rucola und Radieschen in der Nussvinaigrette wenden. Den Salat nochmals mit
Salz und Pfeffer	abschmecken und dekorativ auf den Brotscheiben anrichten. Dann die Lachsstücke darauf setzen und mit ein wenig Bratbutter beträufeln.

Mein Tipp:

Die Zubereitung der Weißbrotscheiben mag zwar etwas umständlich anmuten, aber durch das Abdecken beim Backen wellt sich das Brot nicht und wird garantiert gleichmäßig gebräunt.

Sollten Sie einmal etwas schwarze Olivenpaste übrig haben, bedecken Sie sie mit etwas Olivenöl und stellen Sie das gut verschlossene Glas in den Kühlschrank. Die Paste hält sich dann noch bis zu 3 Wochen.

Polentaschnitten
mit Schinken-Lauch-Ragout

Für 4 Personen	*Zubereitungszeit: ca. 1 1/4 Std. (plus ca. 2 Std. Kühlzeit für die Polenta)*
	Für die Polentaschnitten 500 ml Wasser mit
3 EL Olivenöl, Salz und Pfeffer	aufkochen lassen.
150 g Polentagrieß	dazugeben und unter häufigem Rühren ca. 10 Minuten quellen lassen. Dann den Topf vom Herd nehmen und
2 Eigelb	unterrühren. Ein kleines Backblech mit
1 TL Öl	ausfetten. Die Polentamasse ca. 1 cm dick darauf streichen, mit Frischhaltefolie zudecken und ca. 2 Stunden in den Kühlschrank stellen. Danach die Polenta in Würfel oder Rauten schneiden.
	Für das Ragout
1 Schalotte	schälen, in feine Würfel schneiden und in
1 EL Butterschmalz	glasig dünsten.
200 g Sahne und	
100 ml Geflügelfond	dazugeben und alles auf die Hälfte einkochen lassen, mit
Salz und Pfeffer	abschmecken.
150 g gekochten Schinken	in kleine Würfel schneiden.
2 Tomaten	über Kreuz einritzen, kurz überbrühen, abschrecken und enthäuten. Anschließend vierteln, entkernen und in kleine Würfel schneiden.
350 g Lauch	putzen, waschen, in ca. 1 cm dicke Ringe schneiden und in reichlich kochendem
Salzwasser	bissfest blanchieren. Kurz abschrecken, abtropfen lassen und mit den Schinken- und Tomatenwürfeln in die Sauce geben. Alles mit
Salz, Pfeffer, Muskatnuss und	
1 EL gehackter Petersilie	würzig abschmecken.
4 EL Olivenöl	in einer Pfanne erhitzen. Die Polentaschnitten darin bei mittlerer Hitze von beiden Seiten goldgelb braten und dann kurz auf Küchenkrepp abtropfen lassen. Die Polentaschnitten mit dem Schinken-Lauch-Ragout anrichten.

Mein Tipp:

Polentaschnitten sind absolut einfach und preiswert in der Zubereitung. Zur Abwechslung können Sie statt des Schinken-Lauch-Ragouts auch gebratene Pilze mit einem Schuss Sahne dazu servieren. Oder Sie belegen die goldgelb gebratenen Polentaschnitten mit etwas blanchiertem Gemüse (z. B. Paprikastreifen oder Brokkoliröschen), legen eine kleine Scheibe Käse (z. B. Allgäuer Bergkäse oder Old Amsterdamer) darüber und überbacken das Ganze kurz bei 200 °C im Backofen.

Kartoffelfrikadellen
mit lauwarmen süßsauren Gurken

Für 4 Personen	*Zubereitungszeit: ca. 50 Min.*
500 g mehlig kochende Kartoffeln	waschen und in
Salzwasser	als Pellkartoffeln garen. Abgießen und kurz abdampfen lassen. Dann pellen, zerstampfen und mit
Salz, Pfeffer und Muskatnuss	würzen.
50 g Butter	zerlassen und mit
1 EL gehackter Petersilie und 1 Eigelb	sorgfältig unter die Kartoffeln mischen.
30 g Cornflakes	leicht zerbröseln, unter die Kartoffelmasse mischen und alles ca. 30 Minuten quellen lassen.
	Inzwischen für das Gemüse
600 g Salatgurke	schälen, längs halbieren und die Kerne mit einem Teelöffel entfernen. Die Gurke dann in ½ cm dicke Halbmonde schneiden.
1 Schalotte	schälen und in feine Würfel schneiden.
1 Tomate	über Kreuz einritzen, kurz überbrühen, abschrecken und enthäuten. Anschließend vierteln, entkernen und in kleine Würfel schneiden.
½ unbehandelte Zitrone	heiß abwaschen, gut abtrocknen und die Schale fein abreiben.
1 EL Honig	in einer Pfanne bei mittlerer Hitze schmelzen lassen. Mit
3 EL Balsamico bianco	ablöschen und alles etwas einkochen lassen. Die Gurkenscheiben darin kurz andünsten. Schalottenwürfel und Zitronenschale kurz mitdünsten, dann die Tomatenwürfel und
1 EL gehackten Estragon	vorsichtig untermischen. Alles mit
Salz und Cayennepfeffer	abschmecken und zugedeckt lauwarm halten. Aus der Kartoffelmasse mit einem Eisportionierer oder mit angefeuchteten Händen ca. 4 cm große Kugeln formen.
100 g Semmelbrösel und 50 g weiße Sesamsamen	mischen.
2 Eier	verquirlen. Die Kartoffelkugeln zuerst in
60 g Mehl	wenden, dann in den Eiern wälzen und zuletzt in der Semmelbröselmischung panieren. Vorsichtig zu flachen Frikadellen drücken und in
3 EL Butterschmalz	bei mittlerer Hitze von beiden Seiten goldbraun braten. Die Kartoffelfrikadellen mit dem lauwarmen Gurkengemüse servieren.

Mein Tipp:
Die Frikadellen gelingen nur mit mehlig kochenden Kartoffeln: Ihr hoher Stärkegehalt ist wichtig für die Teigkonsistenz.
Wer es deftig mag, kann zu den Kartoffelfrikadellen auch einmal einen Feldsalat mit Speckdressing servieren.

Maisplätzchen *mit gebratenen Pilzen*

Für 4 Personen	*Zubereitungszeit: ca. 45 Min.*
1 Schalotte	schälen, in feine Würfel schneiden und in
1 EL Butter	glasig dünsten.
200 g Sahne	erhitzen.
100 g Mais (aus der Dose),	
30 g Cornflakes,	
1 ½ EL Mehl und 2 Eigelb	mit den Schalotten und der Sahne in einer Schüssel fein pürieren und mit
Salz, Pfeffer und Zucker	würzen.
Je 100 g Shiitakepilze,	
Austernpilze und	
braune Champignons	putzen und in mundgerechte Stücke schneiden.
80 g Frühlingszwiebeln	putzen, waschen und in feine Würfel schneiden.
2 Knoblauchzehen, 3 Schalotten	
und 20 g Ingwerwurzel	schälen, in feine Würfel schneiden und in
3 EL Sesamöl	braten, bis sie leicht Farbe angenommen haben. Die Pilze dazugeben und mitbraten, bis sie leicht bräunen. Anschließend die Frühlingszwiebeln,
2 EL Sojasauce,	
2 EL Sweet-Chili-Sauce und	
1 EL gehacktes Koriandergrün	untermischen. Alles mit
Salz	abschmecken und warm halten.
3 EL Öl	in einer Pfanne erhitzen. Mit einer Kelle kleine Häufchen vom Maisteig hineingeben, etwas glatt streichen und von beiden Seiten zu goldgelben Plätzchen backen. Die Maisplätzchen mit den gebratenen Pilzen servieren.

Mein Tipp:

Frische Pilze sollten Sie nie waschen oder gar länger in Wasser liegen lassen. Sie saugen sich sonst voll wie ein Schwamm und verlieren ihr Aroma.

Möhren-Zucchini-Puffer *mit Kräuterquark*

Für 4 Personen | *Zubereitungszeit: ca. 50 Min.*

250 g Quark (20 % Fett),	
3 EL Milch und	
1 TL Zitronensaft	in einer Schüssel glatt rühren.
3 EL gehackte gemischte	
Kräuter (z. B. Petersilie, Kerbel,	
Schnittlauch)	unterheben und den Kräuterquark mit
Salz und Pfeffer	würzig abschmecken.
400 g Möhren	putzen und schälen.
200 g Zucchini	putzen und waschen. Beides grob raspeln, in eine Schüssel geben und
4 EL Mehl	untermischen. Den Backofen auf 80 °C vorheizen.
Je 1 Rosmarin- und	
Oreganozweig	waschen und trockenschütteln. Die Nadeln bzw. Blättchen abzupfen und fein hacken.
2 Eier	mit den Kräutern sowie mit
Salz, Pfeffer und Muskatnuss	verquirlen und kräftig unter das Gemüse rühren. Den Pufferteig eventuell noch einmal nachwürzen.
6 EL Olivenöl	portionsweise in einer beschichteten Pfanne erhitzen. Die Gemüsemasse als kleine Häufchen ins heiße Fett setzen, flach drücken und die Puffer von jeder Seite ca. 2 Minuten braten, bis sie goldbraun sind. Gebratene Puffer kurz auf Küchenkrepp abtropfen lassen und im Backofen warm halten, bis alle Puffer gebraten sind. Die Puffer mit dem Kräuterquark servieren.

Mein Tipp:
Für meine Puffer eignen sich viele Gemüsesorten, nicht nur Möhren und Zucchini. Probieren Sie doch auch einmal eine Mischung aus Kartoffeln und Zucchini, Kartoffeln und Möhren oder Kartoffeln und Kürbis.

Hackfleisch-Bruschetti
mit deftigem Blattsalat

Für 4 Personen	*Zubereitungszeit: ca. 50 Min.*
200 g Feldsalat und 100 g Friséesalat	putzen, waschen und trockenschleudern.
5 EL Walnussöl, 2 EL Apfelessig, Salz und Pfeffer	zu einer Vinaigrette verrühren. Für die Bruschetti
50 g Pinienkerne	in einer Pfanne ohne Fettzugabe goldgelb rösten.
2 Schalotten	schälen und in feine Würfel schneiden.
50 g Champignons	putzen und ebenfalls in feine Würfel schneiden.
2 EL Butter	in einer Pfanne erhitzen. Die Schalotten- und Champignonwürfel darin goldbraun braten. Das Gemüse in einer Schüssel mit
200 g Hackfleisch (halb und halb)	mischen.
1 TL Thymianblättchen, 1 EL fein gehackte Petersilie	und die Pinienkerne hinzufügen und alles mit
Salz, Pfeffer und Chilipulver	würzig abschmecken.
1 Ei	darüber schlagen und alles gut verrühren. Den Backofen auf 140 °C vorheizen.
Ca. 200 g Toastbrot (am Stück, am besten vom Vortag)	in 8 ca. 3 mm dünne Scheiben schneiden und entrinden. 4 Scheiben mit der Hackmasse gleichmäßig bestreichen, die restlichen Scheiben darauf legen und die Brotscheiben leicht zusammendrücken. Die Bruschetti in
3 EL Butterschmalz	von beiden Seiten goldbraun braten. Kurz auf Küchenkrepp abtropfen lassen, dann im Backofen auf dem Gitterrost ca. 10 Minuten fertig garen. Inzwischen für den Salat
150 g fest kochende Kartoffeln	schälen, waschen und in feine Würfel schneiden.
100 g durchwachsenen Speck	in feine Streifen schneiden, in
2 EL Butterschmalz	sehr kross braten und herausnehmen. Die Kartoffelwürfel im verbliebenen Speckfett ebenfalls knusprig braten. Den Blattsalat mit der Vinaigrette mischen, die Speck- und Kartoffelwürfel unterheben. Die fertigen Bruschetti diagonal durchschneiden und mit dem Salat auf Tellern anrichten.

Mein Tipp:

Für die Bruschetti verwende ich immer Toastbrot vom Vortag, weil es nicht mehr so weich ist und sich besser schneiden lässt.

Nehmen Sie zum Braten der Bruschetti ausreichend Fett, damit der Toast gleichmäßig bräunen kann.

Wenn Sie möchten, können Sie während des Bratens noch 2 ungeschälte, leicht angedrückte Knoblauchzehen mit ins Fett geben. So bekommen die Bruschetti ein ganz besonderes Aroma.

Gebackener Mozzarella *im Haferflockenmantel*

Für 4 Personen	*Zubereitungszeit: ca. 45 Min.*
400 g Mozzarella	abtropfen lassen, in 1 cm dicke Scheiben schneiden und mit
Salz und Pfeffer	würzen.
2 Eier	verquirlen. Die Käsescheiben zuerst in
60 g Mehl	wenden, dann durch die Eier ziehen und zuletzt in
150 g blütenzarten Haferflocken	panieren.
200 ml Geflügelfond und 125 g Sahne	verrühren und bei starker Hitze unter Rühren auf die Hälfte einkochen lassen. Die Sauce mit
Salz, Pfeffer und Muskatnuss	abschmecken und warm halten. Den Backofengrill einschalten und ein Backblech mit
1 TL Öl	bestreichen.
3 Fleischtomaten	waschen, in 1 cm dicke Scheiben schneiden und auf das Blech legen. Mit
4 EL Olivenöl	beträufeln, mit
Salz, Pfeffer und Zucker	bestreuen und unter dem Backofengrill auf der oberen Schiene ca. 5 Minuten garen. Inzwischen in einer Pfanne
100 ml Olivenöl	erhitzen und die panierten Mozzarellascheiben darin von beiden Seiten goldgelb braten. Dann auf Küchenkrepp kurz abtropfen lassen.
1 Bund Basilikum	waschen und trockenschütteln. Die Blättchen abzupfen und in die heiße Sauce geben.
20 g kalte Butter	in kleine Würfel schneiden, dazugeben und die Sauce mit dem Pürierstab schaumig aufmixen. Die Tomatenscheiben vorsichtig vom Backblech nehmen und zusammen mit den Mozzarellascheiben und der Sauce anrichten.

Pizzafladen *mit Paprika und Thunfischcreme*

Für 4 Personen	*Zubereitungszeit: ca. 1 1/2 Std.*
1/3 **Hefewürfel (ca. 14 g)**	in 120 ml lauwarmem Wasser auflösen. Dann mit
200 g Mehl, 1 EL Öl und	
1 Prise Salz	zu einem glatten, geschmeidigen Teig verkneten und diesen zugedeckt an einem warmen Ort ca. 1 Stunde gehen lassen. Inzwischen
je 2 rote und gelbe	
Paprikaschoten	längs halbieren, entkernen, waschen und in schmale Streifen schneiden.
2 Knoblauchzehen	schälen und in feine Würfel schneiden.
3 EL Olivenöl	erhitzen. Die Paprikastreifen und den Knoblauch darin mit
je 1 EL gehacktem Thymian	
und Rosmarin	andünsten. Mit
Salz und Pfeffer	würzen und vom Herd nehmen.
2 EL eingelegte Kapern	abtropfen lassen und fein hacken.
120 g Thunfisch in Öl	gut abtropfen lassen und mit einer Gabel zerdrücken. Mit den Kapern und
3 EL Mayonnaise	zu einer Creme verrühren und mit
Salz	abschmecken. Den Backofen auf 250 °C vorheizen. Den aufgegangenen Hefeteig in 8 gleich große Stücke teilen. Die Arbeitsplatte mit
etwas Mehl	bestäuben und die Teigstücke darauf zu ca. 10 cm großen Fladen ausrollen. Die Fladen auf ein mit Backpapier ausgelegtes Backblech setzen und mit den gedünsteten Paprikastücken belegen. Im Backofen auf der mittleren Schiene ca. 6 Minuten backen. Herausnehmen, etwas abkühlen lassen und dann die Thunfischcreme darauf geben.

Asiatische Nudelsuppe
mit Shiitakepilzen und Poularde

Für 4 Personen	*Zubereitungszeit: ca. 1 Std.*
1 rote Chilischote	längs halbieren, die Kernchen mit einem spitzen Messer entfernen und die Schote waschen.
2 Tomaten	waschen und halbieren.
½ Lauchstange	putzen und waschen.
1 Zwiebel und	
40 g Ingwerwurzel	schälen. Alle vorbereiteten Zutaten in kleine Stücke schneiden.
3 Poulardenkeulen (à 120 g)	waschen und trockentupfen.
Reichlich Salzwasser	zum Kochen bringen und die Keulen darin 1 bis 2 Minuten blanchieren. Das heiße Wasser abgießen, 1 l kaltes Wasser zu den Keulen in den Topf geben und alles wieder zum Kochen bringen.
1 Lorbeerblatt, 10 schwarze Pfefferkörner, 2 Korianderstiele, 2 leicht zerdrückte Stangen Zitronengras, Salz	und das vorbereitete Gemüse dazugeben. Die Brühe offen ca. 30 Minuten köcheln lassen. Den sich bildenden Schaum zwischendurch mehrmals mit einem Sieblöffel abschöpfen. Inzwischen die Einlage vorbereiten. Dafür
100 g Suppennudeln (dünne Faden- oder Singapurnudeln)	nach Packungsanweisung garen und kalt abbrausen.
2 Frühlingszwiebeln	putzen, waschen und in Ringe schneiden.
1 rote Chilischote	längs halbieren und die Kernchen mit einem spitzen Messer entfernen, die Schote waschen und in sehr feine Streifen schneiden.
60 g Shiitakepilze	putzen und in Scheiben schneiden. Die Poulardenkeulen aus der Brühe nehmen. Die Haut abziehen, das Fleisch von den Knochen lösen und in mundgerechte Stücke schneiden. Die Brühe durch ein sauberes Stofftuch passieren und das sich oben absetzende Fett vorsichtig mit einem Löffel abschöpfen. Die Brühe mit
Salz und Pfeffer	abschmecken. Das Poulardenfleisch, die Nudeln, die Frühlingszwiebeln, die Chilistreifen und die Pilze als Einlage hineingeben. Die Suppe mit
1 EL gehacktem Koriandergrün	bestreuen.

Mein Tipp:
Einfacher Trick mit großer Wirkung: Durch das offene Kochen der Geflügel-brühe wird verhindert, dass sie trüb wird.
Bei mir hat sich zum Entfetten von Brühen eine so genannte Fettkanne be-währt. Ihr Funktionsprinzip ist ebenso einfach wie genial: Man gibt die Brühe hinein und lässt sie etwas stehen, bis sich das Fett oben abgesetzt hat. Anschlie-ßend gießt man die Brühe durch den am Boden der Kanne angebrachten Aus-gießer wieder in den Topf zurück. Weil Fett immer oben schwimmt, kann es dabei nicht mit abfließen und bleibt in der Kanne zurück.

Bohneneintopf *mit Birnen, Äpfeln und Kasseler*

Für 4 Personen	*Zubereitungszeit: ca. 1 ¼ Std.*
200 g schwarze Bohnen	
(aus der Dose)	in ein Sieb abgießen und abtropfen lassen.
1,5 l hellen Rinderfond	erhitzen. Die Bohnen sowie
je 2 Lorbeerblätter und	
Thymianzweige	hineingeben.
2 große Möhren (à ca. 150 g)	
und 6 kleine fest kochende	
Kartoffeln	schälen und in Scheiben oder mundgerechte Stücke schneiden. In den Eintopf geben und alles zugedeckt ca. 10 Minuten köcheln lassen.
400 g mageres Kasselerfleisch	in mundgerechte Würfel schneiden.
300 g grüne Bohnen	putzen, waschen und in ca. 2 cm lange Stücke schneiden. Beides in den Eintopf geben und alles zugedeckt weiterköcheln lassen. Inzwischen
1 säuerlichen Apfel	
(z. B. Boskoop) und	
1 Birne (z. B. Williams Christ)	waschen, vierteln und die Kerngehäuse herausschneiden. Das Obst in schmale Spalten schneiden, in den Eintopf geben und alles zugedeckt weitere 5 Minuten köcheln lassen. Lorbeer und Thymian herausnehmen. Den Bohneneintopf mit
Salz, Pfeffer,	
ca. 2 EL Weißweinessig	
und Zucker	würzig abschmecken. Zuletzt
1 TL Bohnenkrautblättchen	dazugeben.

Mein Tipp:
Sie können den Eintopf auch mit 150 g getrockneten schwarzen Bohnen zubereiten – jedoch müssen Sie diese dann erst über Nacht einweichen und garen.

Gemüseeintopf *mit Graupen und Grießnocken*

Für 4–6 Personen   *Zubereitungszeit: ca. 1 Std.*

200 g Möhren, 300 g kleine fest kochende Kartoffeln, 150 g Petersilienwurzel und 100 g Navetten   putzen, schälen und klein schneiden.

Je 100 g Staudensellerie und grüne Bohnen sowie 150 g Frühlingszwiebeln   putzen, waschen und in ca. 2 cm lange Stücke schneiden. Das vorbereitete Gemüse in einem Topf in

4 EL Butter   kurz andünsten. Mit

Salz und Pfeffer   würzen und

2 l Gemüsebrühe   angießen. Den Eintopf bei mittlerer Hitze zugedeckt 10 bis 15 Minuten köcheln lassen. Inzwischen

30 g Perlgraupen   in kochendes

Salzwasser   geben und bei milder Hitze 6 bis 8 Minuten garen. In ein Sieb abgießen und abschrecken. Den Gemüseeintopf mit

Salz und Pfeffer   abschmecken und zugedeckt warm halten.

75 g Butter und 125 ml Milch   aufkochen.

75 g Hartweizengrieß   dazugeben und alles bei milder Hitze so lange rühren, bis sich die Masse vom Topfboden löst. Den Grieß etwas abkühlen lassen, dann mit

Salz, Pfeffer und Muskatnuss   würzen und

1 Ei   unterrühren.

Reichlich Salzwasser   zum Kochen bringen. Die Hitze reduzieren, aus der Grießmasse mithilfe von 2 Teelöffeln kleine Nocken abstechen und 4 bis 5 Minuten im nur leicht siedenden Wasser gar ziehen lassen. Die Nocken herausnehmen, kurz abtropfen lassen und mit den Graupen in den Eintopf geben.

Kräutersüppchen
mit pochiertem Ei

Für 4 Personen	*Zubereitungszeit: ca. 45 Min.*
200 g gemischte Kräuter **(Kerbel, Petersilie, Basilikum, Schnittlauch, Brunnenkresse, ganz wenig Thymian)**	waschen, trockenschütteln und die Blätter von den Stielen zupfen.
2 Schalotten	schälen und in Streifen schneiden.
1 Knoblauchzehe	schälen und in feine Würfel schneiden.
3 EL Butter	in einem Topf erhitzen und die Schalottenstreifen und die Knoblauchwürfel darin glasig dünsten.
350 ml Geflügelbrühe und 300 g Sahne	hinzufügen, die Suppe einmal unter Rühren kräftig aufkochen und offen auf zwei Drittel einkochen lassen. Die Suppe mit den frischen Kräutern fein pürieren und mit
Salz und Pfeffer	abschmecken.
	Für die pochierten Eier ca. 1 l Wasser aufkochen,
3 EL Weißweinessig	dazugeben und die Hitze reduzieren.
4 Eier	nacheinander in eine Schöpfkelle aufschlagen, vorsichtig von der Kelle in das nur noch leicht köchelnde Wasser gleiten lassen und 4 bis 5 Minuten garen (die Eier dürfen sich beim Garen nicht berühren). Die Eier herausnehmen, kurz auf Küchenkrepp abtropfen lassen und unschöne Eiweißfäden am Rand abschneiden.
2 Eigelb	verrühren und in die heiße, nicht mehr kochende Suppe geben. So lange schlagen, bis die Suppe schön schaumig wird.
70 g Sahne	steif schlagen und vorsichtig unterrühren.
	Das Kräutersüppchen auf Teller verteilen, die pochierten Eier hineingeben und alles mit
Kerbelblättchen	garnieren.

Mein Tipp:
Bitte geben Sie die Kräuter immer erst kurz vor Ende der Garzeit an das Gericht. Nur so behalten sie ihr volles Aroma und ihre natürliche Farbe. Wer Meeresfrüchte liebt, kann auch marinierte Tiefseegarnelen als Einlage in die Suppe geben.

Möhrensuppe *mit Parmaschinken*

Für 4 Personen *Zubereitungszeit: ca. 50 Min.*

70 g Zwiebeln, 2 Knoblauch-zehen, 300 g Möhren und	
20 g Ingwerwurzel	schälen und in feine Würfel schneiden.
100 g getrocknete Aprikosen	in Streifen schneiden. Alles in
2 EL Olivenöl	andünsten.
1 TL Currypulver	darüber streuen,
1 l Geflügel- oder	
Gemüsebrühe	angießen, alles mit
Salz, Pfeffer und Zucker	würzen und zugedeckt ca. 10 Minuten köcheln lassen.
200 ml trockenen Weißwein	angießen und die Suppe offen ca. 10 Minuten köcheln lassen. Inzwischen
5 Scheiben Weißbrot	entrinden, in 1 cm große Würfel schneiden und in
1 EL Öl	von allen Seiten goldbraun braten. Die Croûtons herausnehmen und auf Küchenkrepp abtropfen lassen.
100 g Sahne	in die Suppe geben. Alles kurz aufkochen lassen, fein pürieren, durch ein Sieb streichen und nochmals abschmecken. Die Suppe mit dem Pürierstab schaumig aufmixen und auf Teller verteilen.
8 Scheiben Parmaschinken und einige Kerbelblättchen	hineingeben und die Croûtons darüber streuen.

Mein Tipp:

Es mag zwar etwas aufwändig sein, die bereits pürierte Suppe noch einmal durch ein Sieb zu streichen, aber dadurch wird sie besonders fein und edel. Wenn Sie Ihre Suppe lieber etwas sämiger möchten, reicht es, sie zu pürieren.

Kartoffelsuppe *mit Steinpilzen*

Für 4 Personen

Zubereitungszeit: ca. 40 Min. (plus ca. 2 Std. Einweichzeit für die Steinpilze)

50 g getrocknete Steinpilze	ca. 2 Stunden in
800 ml heißer Geflügelbrühe	einweichen.
¼ Lauchstange	putzen, waschen und in Stücke schneiden.
300 g mehlig kochende	
Kartoffeln	schälen, waschen und in feine Würfel schneiden.
1 Zwiebel	schälen, in feine Würfel schneiden und in
3 EL Butter	glasig dünsten. Die Lauchstücke und die Kartoffelwürfel kurz mitdünsten, die Brühe mit den Pilzen angießen und die Suppe zugedeckt ca. 15 Minuten köcheln lassen. Inzwischen für die Einlage
50 g durchwachsenen Speck	in feine Würfel schneiden.
1 mittelgroße Zwiebel	schälen und ebenfalls in feine Würfel schneiden.
170 g Weißbrot	entrinden und in 1 cm große Würfel schneiden. Eine Pfanne mit der Schnittfläche von
½ Knoblauchzehe	ausreiben und
2 EL Öl	darin erhitzen. Die Speck- und die Zwiebelwürfel darin andünsten. Die Brotwürfel hinzugeben und goldgelb rösten. Die Zutaten auf Küchenkrepp kurz abtropfen lassen. Anschließend mit
1 EL gehackter Petersilie	mischen und zugedeckt warm stellen. Die fertige Suppe fein pürieren und durch ein Sieb passieren.
100 g Sahne und	
50 g Crème fraîche	unterrühren und alles mit dem Pürierstab noch einmal schaumig aufmixen. Zuletzt mit
Salz, Pfeffer und Muskatnuss	abschmecken. Die Suppe auf Teller verteilen und die Weißbrot-Speck-Würfel hineingeben.

Kürbissuppe
mit frittierten Gemüsestreifen

Für 4 Personen	*Zubereitungszeit: ca. 50 Min.*
1 kg Kürbis	schälen, die Kerne mit einem Esslöffel entfernen und das Fruchtfleisch in Würfel schneiden.
2–3 Schalotten und	
1 Knoblauchzehe	schälen, in feine Würfel schneiden und in
4 EL Butter	glasig dünsten. Dann die Kürbiswürfel dazugeben und mit
1 EL Currypulver	bestäuben. Alles mit
100 ml trockenem Weißwein	ablöschen.
600 ml Geflügelfond und	
200 g Sahne	dazugeben und die Flüssigkeit bei mittlerer Hitze etwas einkochen lassen. Dann alles mit
Salz, Pfeffer und Muskatnuss	würzen und bei milder Hitze zugedeckt ca. 10 Minuten weiterköcheln lassen, bis die Kürbiswürfel weich sind. In der Zwischenzeit
je 80 g Möhre und	
Knollensellerie	putzen, schälen und längs in dünne Scheiben schneiden (am besten mit der glatten Scheibe der Aufschnittmaschine).
½ Lauchstange	längs halbieren, waschen und in 5 cm lange Stücke schneiden. Das vorbereitete Gemüse in sehr feine Streifen schneiden.
400 ml Öl zum Frittieren	auf ca. 180 °C erhitzen. Die Gemüsestreifen im heißen Fett goldgelb frittieren, herausnehmen, auf Küchenkrepp abtropfen lassen und mit
Salz	würzen. Die Kürbissuppe fein pürieren, durch ein feines Sieb streichen und im Topf noch einmal aufkochen lassen.
40 g Crème fraîche und	
2–3 EL geschlagene Sahne	unterrühren und alles mit dem Pürierstab schaumig aufmixen.
4 EL Kürbiskerne	in einer Pfanne ohne Fettzugabe rösten, bis sie zu duften beginnen. Die Suppe auf Teller verteilen und die Kürbiskerne darüber streuen. Das Gemüsestroh jeweils in die Mitte der Suppe setzen und
2 EL Kürbiskernöl	darüber träufeln.

Mein Tipp:

Das Kürbiskernöl, auch liebevoll das »grüne Gold der Steiermark« genannt, rundet die Suppe geschmacklich hervorragend ab. Leider ist es nur begrenzt haltbar und sollte daher rasch verbraucht werden.
Besonders attraktiv sieht es aus, wenn Sie die Kürbissuppe in ausgehöhlten, essbaren Minikürbissen (z. B. Hokkaido- oder Muskatkürbissen) servieren.
Sie können zusätzlich noch 60 g in Streifen geschnittenen Parmaschinken als Einlage in die Suppe geben.

Hauptgerichte mit Kartoffeln, Reis, Nudeln & Gemüse

Gefüllte Kartoffeln
mit Feldsalat und Cocktailtomaten

Für 4 Personen	*Zubereitungszeit: ca. 1 1/4 Std.*
600 g kleine fest kochende Kartoffeln	waschen und in
Salzwasser	als Pellkartoffeln garen. Abgießen, kurz abdampfen lassen, noch warm pellen und auskühlen lassen. Dann längs halbieren und die Hälften mit einem Kugelausstecher vorsichtig aushöhlen.
150 g Ziegenfrischkäse	in Würfel schneiden.
5 in Öl eingelegte, getrocknete Tomaten	mit Küchenkrepp abtupfen und fein hacken.
10 Basilikumblättchen	waschen, gut trockentupfen und in feine Streifen schneiden. Mit dem Käse und den Tomaten mischen.
1 Eigelb	verquirlen. In je eine Hälfte der ausgehöhlten Kartoffeln etwas von der Käsemischung geben. Den Kartoffelrand mit etwas Eigelb bestreichen, die zweite Kartoffelhälfte darauf setzen und leicht andrücken.
200 g Feldsalat und 100 g Friséesalat	putzen, waschen und trockenschleudern.
100 g Cocktailtomaten	waschen, halbieren und mit dem Salat mischen.
2 Schalotten und 1 Knoblauchzehe	schälen, in feine Würfel schneiden und mit
50 ml Olivenöl	zu einer Marinade verrühren.
2 EL Pinienkerne	in einer Pfanne ohne Fettzugabe goldgelb rösten.
2 Eier und 1 EL Sahne	verquirlen. Die gefüllten Kartoffeln zuerst vorsichtig in
ca. 100 g Mehl	wälzen, dann in den Eiern wenden und zuletzt in
200 g Semmelbröseln	panieren. Die Panade gut andrücken.
150–200 g Butterschmalz	in einer Pfanne erhitzen und die Kartoffeln darin bei mittlerer Hitze langsam goldbraun ausbacken. Auf Küchenkrepp abtropfen lassen. Die Salatzutaten mit
Salz	würzen, mit der Olivenölmarinade mischen, auf Tellern anrichten und mit
Balsamico bianco	beträufeln. Die Kartoffeln darauf anrichten. Alles mit den Pinienkernen und mit
Pfeffer	bestreuen und mit
Kerbelblättchen	garnieren.

Mein Tipp:

Achten Sie beim Füllen darauf, dass die Kartoffelränder gut mit Eigelb bestrichen sind, damit die Hälften auch optimal zusammenkleben. Füllen Sie außerdem nicht zu viel von der Frischkäsemischung in die Kartoffeln, sonst kann die Füllung beim Aufsetzen der zweiten Kartoffelhälfte herausquillen. Statt Ziegenfrischkäse können Sie auch herkömmlichen Frischkäse oder Hüttenkäse nehmen.

Sie können auch noch einige in feine Streifen geschnittene Basilikumblättchen unter die Salatmarinade mischen. Das gibt ihr einen mediterranen Touch und passt geschmacklich hervorragend zu der Kartoffelfüllung.

Bratkartoffelsalat
mit gegrilltem Lammfilet

Für 6 Personen	*Zubereitungszeit: ca. 45 Min.*
	Für den Salat
1 kleinen Rettich (400 g)	putzen, schälen und in hauchdünne Scheiben hobeln.
250 g fest kochende Kartoffeln	schälen, waschen, in ½ cm dicke Scheiben schneiden, mit Küchenkrepp sorgfältig trockentupfen und in
ca. 6 EL Öl	von beiden Seiten kräftig braten, bis sie Farbe angenommen haben. Auf Küchenkrepp abtropfen lassen und mit den Rettichscheiben in einer großen Schüssel mischen.
2 Tomaten	über Kreuz einritzen, kurz überbrühen, abschrecken und enthäuten. Anschließend vierteln, entkernen und in kleine Würfel schneiden.
2 Schalotten	schälen, in feine Würfel schneiden und in
50 ml Olivenöl	glasig dünsten. Mit
100 ml Lammfond und	
3 EL Weißweinessig	ablöschen und vom Herd nehmen. Die Tomatenwürfel dazugeben und die Marinade mit
Salz, Pfeffer und	
1 TL gehacktem Rosmarin	abschmecken. Den Salat vorsichtig mit der Marinade mischen und zugedeckt warm halten.
12 Lammfilets	waschen und gut trockentupfen.
2 Knoblauchzehen	ungeschält halbieren.
2 EL Olivenöl	erhitzen. Lammfilets, Knoblauch und
2 Rosmarinzweige	hineingeben und die Filets von jeder Seite ca. 2 Minuten braten, bis sie außen schön Farbe haben und innen noch rosa sind. Mit
Salz und Pfeffer	würzen, herausnehmen und zugedeckt warm halten.
1 Schalotte	schälen, in Ringe schneiden und in
1 EL gehackter Petersilie	wenden. Die Lammfilets in Scheiben schneiden, mit dem Salat auf Tellern anrichten und mit den Schalottenringen garnieren.

Mein Tipp:

Wenn Sie Bratkartoffeln aus rohen Kartoffeln zubereiten, dann seien Sie mit dem Bratfett nicht zu sparsam. Die Kartoffeln müssen ja nicht nur ihre schöne goldgelbe Farbe bekommen, sondern gleichzeitig auch garen. Und dafür benötigen sie, ähnlich wie beim Frittieren, ausreichend Fett. Damit alles gleichmäßig gart und bräunt, wenden Sie die Kartoffelscheiben bitte ab und zu. Nehmen Sie zum Rohbraten keine Frühkartoffeln, denn sie enthalten viel mehr Wasser als Lagersorten und spritzen in der Pfanne.

Fenchel und Kartoffeln *aus dem Ofen*

Für 4 Personen

Zubereitungszeit: ca. 1 Std.
Den Backofen auf 170 °C vorheizen. Eine große Auflaufform mit

1 EL Olivenöl
ausfetten.

4 große Fenchelknollen (à 300 g)
putzen, waschen und längs halbieren. Das Fenchelgrün beiseite legen.

4 große fest kochende Kartoffeln (à 200 g)
schälen und waschen. Beides mit einem Hobel oder mit einem sehr scharfen Messer in ½ cm dicke Scheiben schneiden und dachziegelartig in die Auflaufform schichten. Dabei jede Lage mit

etwas Olivenöl (insgesamt 3 EL)
bestreichen.

**300 ml Gemüsebrühe,
4 EL trockenen Vermouth
(z. B. Noilly Prat),
den Saft von 1 Zitrone,
Salz und Pfeffer**
verrühren. Die Mischung über das Gemüse gießen und das Gemüse im Backofen auf der mittleren Schiene 20 bis 30 Minuten garen. Inzwischen

1 Tomate
über Kreuz einritzen, kurz überbrühen, abschrecken und enthäuten. Anschließend vierteln, entkernen und in kleine Würfel schneiden.

60 g Butter
ebenfalls in kleine Würfel schneiden. Das Fenchelgrün klein hacken. Das Gemüse aus dem Backofen nehmen und die Butter darauf zerlassen. Mit den Tomatenwürfeln und dem Fenchelgrün bestreuen und mit

frischem Ciabatta
servieren.

Mein Tipp:
Das Fenchel-Kartoffel-Gemüse schmeckt auch als Beilage zu gegrilltem oder kurz gebratenem Fleisch oder Fisch. Die Menge reicht dann für 6 bis 8 Personen.

Kartoffel-Zucchini-Gratin

Für 4 Personen
1 Knoblauchzehe
1 EL Butter
2 Schalotten

400 g fest kochende Kartoffeln
300 g kleine Zucchini

300 g Sahne und 100 ml Milch
Salz, Pfeffer und Muskatnuss
50 g Gruyère oder Emmentaler

Zubereitungszeit: ca. 45 Min. (plus ca. 45 Min. Garzeit)
schälen, in feine Würfel schneiden und in
glasig dünsten. Eine große Gratinform damit einpinseln.
schälen und ebenfalls in feine Würfel schneiden.
Den Backofen auf 180 °C vorheizen.
schälen und in 3 mm dicke Scheiben hobeln oder schneiden.
putzen, waschen und in ½ cm dicke Scheiben schneiden. Die Kartoffel-
und Zucchinischeiben abwechselnd dachziegelartig und flach in die Form
schichten. Die Schalottenwürfel darüber streuen. Für den Guss
aufkochen und auf zwei Drittel einkochen lassen. Sehr kräftig mit
würzen und über die Zutaten in der Form gießen.
grob raspeln und über das Gratin streuen. Das Kartoffel-Zucchini-Gratin
im Backofen auf der mittleren Schiene 40 bis 45 Minuten garen. Um zu
prüfen, ob es die gewünschte zart schmelzende Konsistenz hat, kurz mit
einem kleinen Messer hineinstechen. Wenn kein Widerstand zu spüren ist,
ist das Kartoffel-Zucchini-Gratin fertig.

Mein Tipp:
*Das Geheimnis eines guten Gratins ist die sorgfältige Vorbereitung. Und dazu
gehört die Verwendung einer möglichst großen Gratinform und das flache
Einschichten der Zutaten. Nur so kommen alle Zutaten mit der Sahne-Milch-
Mischung in Berührung und können schön gleichmäßig garen.*

Im Speckmantel gebratene Kartoffeln
auf Bohnengemüse

Für 4 Personen	*Zubereitungszeit: ca. 1 Std.*
1 kg mittelgroße neue Kartoffeln	gründlich waschen und in
Salzwasser	als Pellkartoffeln mit
etwas Kümmel	fast fertig garen. Abgießen, kurz abdampfen lassen, noch warm pellen und längs halbieren.
200 g Bergkäse	in ca. ½ cm dicke, ovale Scheiben schneiden, die etwas kleiner als die Schnittflächen der Kartoffeln sind. Je 1 Käsescheibe zwischen 2 Kartoffelhälften legen (es darf kein Käse überstehen).
150 g lange, dünne Speckscheiben	in so viele Streifen schneiden, wie es gefüllte Kartoffeln gibt. Die Kartoffeln fest in die Scheiben einwickeln und den Speck mit Holzzahnstochern feststecken.
500 g Stangenbohnen	putzen, waschen, in mundgerechte Stücke schneiden und in
Salzwasser	ca. 6 Minuten bissfest blanchieren. Kurz abschrecken und gut abtropfen lassen.
Je 2 Schalotten und Knoblauchzehen	schälen, in feine Würfel schneiden und in
2 EL Butterschmalz	glasig dünsten.
100 ml Gemüsebrühe, 1 EL Balsamico bianco und 100 g Sahne	angießen und die Sauce etwas einkochen lassen. Mit
Salz und Pfeffer	abschmecken. Die Bohnen und
3 Bohnenkrautzweige	untermischen und alles zugedeckt warm halten. Die Kartoffeln in
3 EL Butterschmalz	von allen Seiten kurz anbraten, mit
Salz und Pfeffer	würzen und langsam weiterbraten, bis der Speck schön kross ist. Herausnehmen und kurz auf Küchenkrepp abtropfen lassen. Zuletzt
2 EL geschlagene Sahne	unter die Bohnen heben und das Bohnengemüse mit den Kartoffeln anrichten.

Mein Tipp:
Es ist ganz wichtig, dass der Käse nicht übersteht, denn sonst läuft er beim Braten aus. Seien Sie also lieber etwas geiziger mit der Käsemenge. Statt Bergkäse können Sie für die gebratenen Kartoffeln auch sehr gut Raclettekäse oder Gruyère verwenden.

Überbackene Kräutergnocchi
mit Paprikaschaum

Für 4 Personen   *Zubereitungszeit: ca. 1 1/2 Std.*

600 g mehlig kochende Kartoffeln waschen und in

Salzwasser als Pellkartoffeln garen.

3 rote Paprikaschoten längs halbieren, entkernen, waschen und in Würfel schneiden.

2 Schalotten schälen, in feine Würfel schneiden und in

2 EL Olivenöl glasig dünsten. Die Paprikawürfel dazugeben und bei mittlerer Hitze andünsten.

200 ml Gemüsefond und 200 g Sahne angießen und alles bei mittlerer Hitze ca. 10 Minuten köcheln lassen. Den Paprikaschaum pürieren und durch ein Sieb in einen zweiten Topf streichen.

50 g eiskalte Butter in kleine Würfel schneiden und unterrühren. Den Paprikaschaum mit

Salz, Pfeffer und Zitronensaft abschmecken und

1 EL geschlagene Sahne unterheben. Die Kartoffeln abgießen, abdampfen und etwas abkühlen lassen. Dann pellen, durch die Kartoffelpresse drücken und mit

Salz und Muskatnuss würzen.

170 g Mehl darüber sieben,

80 g Ricotta (ital. Frischkäse) durch ein Sieb zur Kartoffelmasse streichen.

2 Eigelb, 1 EL Speisestärke, 50 g Hartweizengrieß, 1/2 EL gehackten Rosmarin, je 1 EL gehackte Petersilie und Schnittlauchröllchen sowie Pfeffer hinzufügen. Alles zu einem glatten Teig verkneten. Die Arbeitsplatte mit

etwas Mehl bestäuben und den Teig mit bemehlten Händen zu einer 1 1/2 cm dicken Rolle formen. Die Teigrolle in ca. 2 cm dicke Stücke schneiden und zu kleinen Bällchen formen. Den Backofen auf 230 °C vorheizen. Die Gnocchi in reichlich kochendes

Salzwasser geben, einmal kurz aufkochen lassen und dann bei milder Hitze offen 3 bis 4 Minuten gar ziehen lassen. Mit einem Sieblöffel herausnehmen, abschrecken und gut abtropfen lassen.

50 g Butter in einer Pfanne erhitzen und die Gnocchi darin leicht anbraten. Mit

Salz, Pfeffer und 1 TL Thymianblättchen abschmecken, in eine Auflaufform geben und den Paprikaschaum darüber verteilen.

120 g Pecorino fein reiben und darüber streuen. Die Kräutergnocchi im Backofen auf der mittleren Schiene ca. 15 Minuten überbacken.

Mein Tipp:
Nehmen Sie für die Gnocchi immer mehlig kochende Kartoffeln. Denn durch den hohen Stärkegehalt dieser Kartoffeln kann der Teig gut binden.
Den Paprikaschaum können Sie auch als Sauce zu gebratenen Fischfilets oder zu Nudeln servieren.

Spargeltorte
mit gekochtem Schinken

Für 4 Personen	*Zubereitungszeit: ca. 1 Std. (plus ca. 30 Min. Backzeit)*
1,2 kg weißen Spargel	sorgfältig über einer Schüssel schälen und die holzigen Enden abschneiden, dabei den abtropfenden Spargelsaft in der Schüssel auffangen.
1 Schalotte	schälen, in feine Würfel schneiden und in
4 EL Butter	glasig dünsten. Den noch feuchten Spargel mit dem abgetropften Saft dazugeben.
4 EL Butter	hinzufügen, alles mit
Salz und Zucker	würzen und
2 Zitronenscheiben	
(ohne Schale)	darauf legen.
80 ml trockenen Weißwein	angießen und den Spargel bei milder Hitze zugedeckt (das ist sehr wichtig!) ca. 15 Minuten garen. Herausnehmen und abkühlen lassen. Den Spargelfond durch ein Sieb gießen, auf ein Drittel einkochen und
3 EL Butter	darin zerlassen. Den Backofen auf 180 °C vorheizen.
600 g Weißbrot	in ca. 1 cm dicke Scheiben schneiden und entrinden. Ein Backblech mit Backpapier auslegen, die Scheiben dicht nebeneinander darauf legen und mit dem Spargelfond gleichmäßig beträufeln. Die Spargelstangen nebeneinander auf die getränkten Weißbrotscheiben legen. Für den Guss
3 Eigelb, 2 Eier, 100 ml Milch und 125 g Sahne	verrühren und mit
Salz, Pfeffer und Muskatnuss	würzen.
100 g geriebenen Bergkäse und 2 EL Schnittlauchröllchen	
200 g gekochten Schinken	darunter rühren und die Eiermilch gleichmäßig über den Spargel gießen. in kleinere Stücke teilen und so auf den Spargel legen, dass man die Spargelspitzen noch sehen kann. Die Torte im Backofen auf der mittleren Schiene ca. 20 Minuten backen. Anschließend auf Unterhitze schalten und die Torte weitere 5 Minuten backen.

Mein Tipp:
Bei diesem Rezept ist es ganz besonders wichtig, erntefrischen Spargel zu verwenden, denn nur er hat ausreichend Saft für den Sud. Häufig drücke ich die Spargelschalen nach dem Schälen mit einer Kartoffelpresse noch einmal kräftig aus, um auch das letzte bisschen Saft zu gewinnen. Schließlich gibt er der Torte ihr unvergleichlich gutes Spargelaroma.

Gebratene Risottodukaten
mit Pfifferlingragout

Für 4–6 Personen	*Zubereitungszeit: ca. 1 1/4 Std.(plus ca. 3 Std. Abkühlzeit für den Reis)*
1 Schalotte	schälen, in feine Würfel schneiden und in
2 EL Butter	glasig dünsten.
250 g Risottoreis	dazugeben und unter Rühren ebenfalls glasig dünsten.
100 ml trockenen Weißwein	
und 400 ml Geflügelfond	angießen und alles bei mittlerer Hitze offen ca. 6 Minuten kochen lassen. Den Topf vom Herd nehmen, den Deckel auflegen und den Reis weitere 8 Minuten quellen lassen.
100 g Parmesan	reiben, mit
4 Eigelb	unter den noch warmen Reis rühren und alles mit
Salz und Pfeffer	würzen. Eine längliche Terrinenform (1 l Inhalt) mit Frischhaltefolie auskleiden. Den Reis hineingeben, glatt streichen und ca. 3 Stunden abkühlen lassen.
	Inzwischen für das Pilzragout
400 g Pfifferlinge	mit einem Pinsel oder feuchten Tuch von Erdresten befreien und putzen.
2 Schalotten	
und 1 Knoblauchzehe	schälen und in feine Würfel schneiden. Die Pilze in
3 EL Butterschmalz	anbraten. Schalotten- und Knoblauchwürfel kurz mitdünsten, dann in einer Schüssel warm halten. Den Bratensatz in der Pfanne mit
50 ml trockenem Weißwein	ablöschen und diesen kurz aufkochen lassen.
100 ml Geflügelfond und	
150 g Sahne	angießen. Alles etwas einkochen lassen und mit
Salz und Pfeffer	abschmecken.
1 EL Speisestärke	mit etwas kaltem Wasser glatt rühren und die noch köchelnde Sauce unter Rühren damit binden. Zugedeckt warm halten. Die Risottomasse aus der Form stürzen, in 1 cm dicke Scheiben schneiden und diese in
2 EL Olivenöl	von beiden Seiten goldgelb braten. Die Sauce kurz durchrühren, die Pfifferlinge sowie
1 EL gehackte Petersilie	hineingeben und die Sauce mit
2 EL geschlagener Sahne	verfeinern. Das Pilzragout mit den Risottodukaten anrichten. Mit
Petersilienblättchen	garnieren.

Mein Tipp:

Das ist genau das richtige Rezept für die Pfifferlingsaison! Von Juni bis August, manchmal sogar bis November, können Sie die leicht pfeffrig schmeckenden Pilze frisch im Handel bekommen. Achten Sie beim Einkauf immer darauf, dass die Pilzhüte möglichst unversehrt sind. Und beim Putzen brauchen Sie etwas Geduld, denn in den feinen Lamellen sitzt oft viel Erde, die sorgfältig entfernt werden muss – am besten mit einem kleinen Pinsel. Übrigens: Pfifferlinge dürfen nicht zu lange garen, sonst werden sie fest und zäh. Außerhalb der Pfifferlingsaison können Sie dieses Gericht auch einmal mit braunen Champignons zubereiten.

Gebackener Blumenkohl
mit Sauce tartare

Für 4 Personen	*Zubereitungszeit: ca. 50 Min.*
1 Blumenkohl (ca. 700 g)	putzen, in kleine Röschen zerteilen und waschen. Die Blumenkohlröschen in kochendem
Salzwasser	3 bis 4 Minuten bissfest blanchieren, kurz abschrecken und gut abtropfen lassen.
	Für die Sauce tartare
1 Ei	hart kochen, kurz abschrecken, pellen und in kleine Würfel schneiden.
2 Essiggurken	abtropfen lassen und ebenfalls in kleine Würfel schneiden.
20 g eingelegte Kapern	abtropfen lassen und fein hacken.
2 Schalotten	schälen und in feine Würfel schneiden.
200 g Mayonnaise und 100 g Naturjoghurt	verrühren. Essiggurken, Kapern, Schalotten und das Ei sowie
je 1 EL fein gehackten Kerbel und fein gehackte Petersilie	vorsichtig unterrühren. Die Sauce mit
Salz und Pfeffer	würzig abschmecken und beiseite stellen.
	Für den Blumenkohl
2 Kümmelstangen (à 70 g, vom Vortag)	mit dem Mixer oder dem Pürierstab fein zermahlen und in eine flache Schale geben.
1 TL Kümmelsamen	dazugeben.
2 Eier	verquirlen. Die Blumenkohlröschen zunächst in
60 g Mehl	wenden, dann durch die Eier ziehen und zuletzt in den Kümmelbröseln panieren.
300 ml Öl zum Frittieren	auf 180 °C erhitzen. Die Röschen darin portionsweise goldgelb ausbacken und kurz auf Küchenkrepp abtropfen lassen. Mit
Salz	würzen und mit der Sauce tartare anrichten.

Mein Tipp:

Blumenkohl wird wegen seiner guten Bekömmlichkeit und seines vorzüglichen Geschmacks sehr geschätzt. Und preiswert ist er allemal. Da Blumenkohl schlecht lagerbar ist (er hält sich maximal 4 Tage im Kühlschrank), sollten Sie ihn möglichst rasch nach dem Kauf verarbeiten.

Die Sauce tartare passt auch zu anderen frittierten Gemüsesorten hervorragend, z. B. zu Kohlrabi, Möhren, Champignons und Auberginenscheiben. Der gebackene Blumenkohl schmeckt auch als Beilage zu kurz gebratenem Fleisch oder Fisch.

Brötchen-Speck-Auflauf
mit Apfelmeerrettich

Für 4 Personen	*Zubereitungszeit: ca. 20 Min. (plus ca. 40 Min. Garzeit)*
3 Brötchen (vom Vortag)	in feine Würfel schneiden und ca. 10 Minuten in
70 ml warmer Milch	einweichen.
	Inzwischen
3 Schalotten	schälen und in feine Würfel schneiden.
100 g Frühstücksspeck	in kleine Würfel schneiden.
1 Bund Petersilie	waschen, trockenschütteln, die Blättchen abzupfen und fein hacken.
	Den Backofen auf 170 °C vorheizen. Die Schalotten- und Speckwürfel in
50 g Butterschmalz	glasig dünsten. Anschließend vom Herd nehmen, mit der Petersilie und
2 Eigelb	sorgfältig unter die eingeweichten Brötchen mischen und alles mit
Salz, Pfeffer und Muskatnuss	kräftig würzen.
3 Eiweiße	mit
1 Prise Salz	steif schlagen und vorsichtig unter den Brötchenteig heben.
	Eine Auflaufform (ca. 1 l Inhalt) mit
2 EL Butter	ausfetten und mit
40 g Semmelbröseln	ausstreuen. Die Brötchenmasse in die Form füllen und glatt streichen. Die Form mit Alufolie fest verschließen, in einen etwa gleich hohen Topf stellen und diesen ca. 1 cm hoch mit Wasser füllen. Den Brötchen-Speck-Auflauf im Backofen 35 bis 40 Minuten garen.
	Inzwischen
1 mittelgroßen säuerlichen Apfel (z. B. Boskoop)	schälen und fein reiben.
100 g Meerrettich	schälen und ebenfalls fein reiben. Je 3 EL geriebenen Apfel und Meer- rettich mit
1 TL Zitronensaft und 1 EL Schnittlauchröllchen	mischen und mit
Salz und Pfeffer	abschmecken. Die Form vorsichtig aus dem Wasserbad nehmen, den Auflauf in vier Portionen teilen und mit dem Apfelmeerrettich servieren.

Mein Tipp:

Den Brötchen-Speck-Auflauf können Sie auch sehr gut als Beilage zu Fleischgerichten mit Sauce servieren, z. B. zu einem Wildragout oder einem klassischen Gulasch.

Nehmen Sie statt der Auflaufform doch einmal eine Gugelhupfform. Den Auf- lauf dann stürzen und erst bei Tisch in Stücke schneiden.

Der Auflauf lässt sich auch gut aufpeppen. Probieren Sie einmal hart gekochte Eier, die Sie mit in die Form legen. Für eine Luxusvariante können Sie den Speck durch in Würfel geschnittene Gänsestopfleber ersetzen.

Gefüllte Zucchini *mit Feta und Hackfleisch*

Für 4 Personen	*Zubereitungszeit: ca. 45 Min.*
	Den Backofen auf 180 °C vorheizen.
1 Brötchen (vom Vortag)	in Würfel schneiden und ca. 10 Minuten in
50 ml warmer Milch	einweichen. Inzwischen
4 mittelgroße Zucchini	putzen, waschen, längs halbieren und die Kerne mit einem Teelöffel entfernen.
200 g Schafskäse (Feta)	in feine Würfel schneiden.
80 g entsteinte schwarze Oliven	fein hacken.
50 g Schalotten und	
2 Knoblauchzehen	schälen und in feine Würfel schneiden. Die Schalottenwürfel in
4 EL Olivenöl	glasig dünsten. Mit
70 ml trockenem Weißwein	ablöschen. Mit dem Käse und den Oliven zu
200 g Hackfleisch	
(halb und halb)	geben. Das eingeweichte Brötchen ausdrücken, mit Knoblauchwürfeln,
2 Eiern und	
2 EL Thymianblättchen	unter das Hack mischen und alles mit
Salz und Pfeffer	würzen. Die Hackmasse in die Zucchinihälften geben und mit
100 g geriebenem Parmesan	bestreuen. Die Gemüseschiffchen in eine große Auflaufform setzen und im Backofen auf der mittleren Schiene ca. 20 Minuten garen. Inzwischen
200 g Crème fraîche, den Saft	
von 1 Zitrone, Salz und Pfeffer	zu einer Sauce verrühren. Die Zucchinihälften mit der Sauce und
frischem Baguette	servieren.

Mein Tipp:
Achten Sie darauf, dass die Zucchini nicht zu groß sind – sonst schmecken sie oft leicht bitter.

Gebratener Reis *mit Krabben*

Für 4 Personen   *Zubereitungszeit: ca. 45 Min.*

150 g Basmatireis — kalt abbrausen, mit ca. 180 ml kaltem Wasser in einen Topf geben und ganz kurz aufkochen. Dann bei sehr milder Hitze zugedeckt ca. 10 Minuten garen, dabei mehrmals umrühren. Ein großes Backblech mit

1 EL Sesamöl — bestreichen. Den heißen Reis flach darauf verteilen und auskühlen lassen. Inzwischen

200 g grüne Bohnen — putzen, waschen, in ca. 5 cm lange Stücke schneiden und in reichlich kochendem

Salzwasser — ca. 5 Minuten blanchieren. Herausnehmen, kurz abschrecken und abtropfen lassen.

2 Knoblauchzehen — schälen und in feine Würfel schneiden.

50 g Cashewkerne — in einer tiefen Pfanne oder im Wok in

2 EL Sesamöl — goldgelb rösten. Bohnen und Knoblauchwürfel unter Rühren ca. 3 Minuten mitbraten. Anschließend den Reis bei starker Hitze ca. 2 Minuten mitbraten und die Hitze dadurch reduzieren.

200 g küchenfertige Krabben — waschen, trockentupfen und untermischen.

2 Eier — verquirlen, über die Zutaten gießen und unter vorsichtigem Mischen leicht stocken lassen. Zuletzt alles mit

Sojasauce, Salz, Chilipulver und 1 EL gehacktem Koriandergrün — abschmecken.

Mein Tipp:

Wenn Sie gekochten Reis braten möchten, darf er nicht mehr warm sein. Sonst klebt er am Pfannenboden und wird eher matschig als kross.
Statt der Krabben können Sie auch in Streifen geschnittenen, leicht geräucherten Putenschinken unter den Reis mischen.

Pinienkern-Frühlingszwiebel-Risotto
mit Basilikumpesto

Für 4 Personen	*Zubereitungszeit: ca. 1¼ Std.*
500 ml Geflügelfond	aufkochen lassen.
	Inzwischen
1 Schalotte	schälen, in feine Würfel schneiden und in
2 EL Butter	glasig dünsten.
200 g Risottoreis	dazugeben und unter Rühren ebenfalls glasig dünsten. Dann
100 ml trockenen Weißwein	angießen, alles mit
Salz und Pfeffer	kräftig würzen und bei milder Hitze unter ständigem Rühren einkochen lassen. So viel heißen Geflügelfond angießen, dass der Reis gerade bedeckt ist. Alles bei milder Hitze im offenen Topf unter ständigem Rühren köcheln lassen, bis der Reis die Flüssigkeit aufgenommen hat. Immer wieder so viel heißen Geflügelfond angießen, dass der Reis bedeckt ist, und alles einköcheln lassen. Dies so lange wiederholen, bis der Fond aufgebraucht ist.
	Inzwischen für das Pesto
100 g Basilikumblättchen	waschen und gut trockentupfen.
2 Knoblauchzehen	schälen und grob zerkleinern.
100 g Pinienkerne	in einer Pfanne ohne Fettzugabe goldgelb rösten.
70 g Parmesan	fein reiben. Basilikum, Knoblauch und 1 EL Pinienkerne mit
200 ml Olivenöl	fein pürieren. Den Parmesan unterrühren und alles nochmals kurz aufmixen. Das Pesto mit
Salz und Pfeffer	würzig abschmecken und beiseite stellen.
2 Frühlingszwiebeln	putzen, waschen und in ½ cm dicke Ringe schneiden. In kochendem
Salzwasser	ca. 2 Minuten bissfest blanchieren, dann kurz abschrecken und gut abtropfen lassen.
50 g in Öl eingelegte, getrocknete Tomaten	mit Küchenkrepp abtupfen, in feine Streifen schneiden und in
2 EL Olivenöl	kurz andünsten.
40 g Parmesan	fein reiben und mit den Tomaten und
50 g kalter Butter	zum Binden unter den Risotto mischen. Zuletzt die restlichen Pinienkerne, Frühlingszwiebelringe und
1 EL gehackte gemischte Kräuter	untermischen. Den Risotto mit
Salz	würzig abschmecken, auf Tellern anrichten und mit dem Basilikumpesto beträufeln. Mit
Basilikumblättchen	garnieren.

Mein Tipp:
Damit der Risotto eine schön cremige Konsistenz bekommt, die einzelnen Reiskörner aber innen noch »Biss« haben, darf der Reis nur ganz langsam quellen. Deshalb immer nur wenig Flüssigkeit nach und nach hinzugießen! Als Kräuter eignen sich für den Risotto am besten Petersilie, Schnittlauch und Thymian.

Gemüsecurry
mit Basmatireis

Für 4 Personen	*Zubereitungszeit: ca. 40 Min.*
200 g Champignons	mit einem Pinsel oder feuchten Tuch von Erdresten befreien und putzen.
2 kleine Zucchini	putzen und waschen. Alles in dünne Scheiben schneiden.
100 g Zuckerschoten	putzen und waschen.
3 Tomaten	über Kreuz einritzen, kurz überbrühen, abschrecken und enthäuten. Anschließend vierteln, entkernen und in kleine Würfel schneiden.
200 g Petersilienwurzeln und 2 Schalotten	schälen und in dünne Scheiben bzw. feine Würfel schneiden.
150 g Basmatireis	kalt abbrausen, mit ca. 180 ml kaltem Wasser in einen Topf geben und ganz kurz aufkochen. Bei sehr milder Hitze zugedeckt ca. 10 Minuten weitergaren, dabei mehrmals umrühren.
	Inzwischen
1 Knoblauchzehe	ungeschält halbieren.
1 rote Chilischote	längs halbieren, die Kernchen mit einem spitzen Messer entfernen und die Schote waschen. Chili und Knoblauch in
1 EL Sesamöl	bei milder Hitze ca. 1 Minute braten.
1 ½ EL Currypulver und 200 ml ungesüßte Kokosmilch	hinzufügen, alles bei milder Hitze auf drei Viertel einkochen lassen und durch ein Sieb gießen.
1 ½ EL Sesamöl	im Wok oder in einer hohen Pfanne erhitzen. Die Petersilienwurzeln darin ca. 2 Minuten unter Rühren braten. Champignons, Zucchini, Zuckerschoten, Tomaten und Schalotten hinzufügen und ca. 2 Minuten mitbraten. Das Gemüse in die Currysauce geben, mit
Salz und Muskatnuss	abschmecken und mit dem Reis anrichten.

Mein Tipp:

Wenn Sie es so richtig scharf lieben, rühren Sie zum Schluss noch ein klein wenig Sambal Oelek unter das Curry.
Für dieses Rezept können Sie die Gemüsesorten je nach Angebot oder geschmacklichen Vorlieben variieren. Ich nehme auch sehr gern eine Kombination aus Chinakohl oder Mangold (in feine Streifen geschnitten), Shiitakepilzen und geschälter roter Paprika.

Kohlrabilasagne
mit Tomaten und Rucola

Für 4 Personen	*Zubereitungszeit: ca. 45 Min. (plus ca. 45 Min. Garzeit)*
700 g Kohlrabi und	
300 g Petersilienwurzeln	putzen, schälen und in ½ cm dicke Scheiben hobeln oder schneiden. Die Scheiben in kochendem
Salzwasser	1 bis 2 Minuten blanchieren, kurz abschrecken und zwischen zwei Tüchern gut trockentupfen.
150 g Rucola	putzen, waschen, ca. 10 Sekunden in kochendem
Salzwasser	blanchieren, abschrecken und gut trockentupfen.
2 Fleischtomaten	über Kreuz einritzen, kurz überbrühen, abschrecken und enthäuten. Anschließend vierteln, entkernen und in schmale Streifen schneiden. Für die Sauce
3 Schalotten	schälen, in feine Würfel schneiden und in
2 EL Butter	glasig dünsten.
375 ml Kalbsfond,	
150 ml trockenen Weißwein	
und 180 g Sahne	angießen und alles unter Rühren auf ein Drittel einkochen lassen. Die Sauce durch ein Sieb gießen, mit
Salz und Pfeffer	abschmecken und vom Herd nehmen. Mit dem Pürierstab kurz aufmixen und
3 EL geschlagene Sahne	unterheben.
2 Schalotten	schälen und in feine Würfel schneiden. Mit den Kohlrabi- und Petersilienwurzelscheiben in
3 EL Butter	glasig dünsten. Die Sauce darüber gießen, den Topf vom Herd nehmen und das Gemüseragout mit
Salz, Pfeffer und Muskatnuss	abschmecken. Den Rucola sowie
je 1 EL gehackte Petersilie und	
gehackten Estragon	untermischen und das Ragout auskühlen lassen.
10 Lasagneplatten	in reichlich kochendem
Salzwasser	ca. 6 Minuten bissfest kochen, kalt abbrausen und gut trockentupfen. Den Backofen auf 180 °C vorheizen.
250 g Parmesan	fein reiben. Eine flache Auflaufform (ca. 20 x 25 cm) mit
1 TL Olivenöl	ausfetten und 2 Lasagneblätter nebeneinander hineinlegen. Das kalte Gemüseragout, die restlichen Lasagneplatten, die Tomatenstreifen und den Parmesan abwechselnd in die Form schichten. Dabei jede Schicht mit
Salz und Pfeffer	kräftig würzen. Die Lasagne mit einer Lage aus Nudelplatten abschließen.
2 Eigelb,	
100 g Sahne und Salz	verquirlen und über die Lasagne gießen. Die Kohlrabilasagne mit
50 g Sonnenblumenkernen	bestreuen und im Backofen auf der mittleren Schiene 40 bis 50 Minuten goldbraun backen.

Mein Tipp:

Kohlrabi ist in der Küche äußerst vielseitig einsetzbar, denn sein milder Geschmack harmoniert bestens mit anderen Zutaten. Kaufen Sie immer möglichst kleine Knollen, denn große sind oft holzig. Übrigens: Kohlrabi kann man auch roh essen, etwa mit einem Joghurtdip. Dafür 150 g Naturjoghurt, 2 EL Olivenöl mit Limone, den Saft von 1 Limette, Salz und Pfeffer aufmixen.

Nudelrisotto *mit Gemüse*

Für 4 Personen   *Zubereitungszeit: ca. 35 Min.*

2 Schalotten und

3 Knoblauchzehen   schälen und in feine Würfel schneiden.

80 g Staudensellerie   putzen, waschen und die harten Fäden abziehen.

1 kleine Möhre   putzen und schälen. Sellerie und Möhre in kleine Würfel schneiden.

40 g in Öl eingelegte,

getrocknete Tomaten   mit Küchenkrepp abtupfen und ebenfalls in kleine Würfel schneiden. Das vorbereitete Gemüse in

2 EL Öl   glasig dünsten.

1 Lorbeerblatt und

350 g griechische

Reiskornnudeln   untermischen und alles mit

100 ml trockenem Weißwein   ablöschen. Nach und nach

450 ml Geflügelfond   dazugeben und alles bei mittlerer Hitze unter vorsichtigem Rühren garen, bis die Nudeln bissfest sind. Inzwischen

70 g Parmesan   fein hobeln.

30 g Pinienkerne   in einer Pfanne ohne Fettzugabe goldgelb rösten. Den gegarten Nudelrisotto mit

Salz, Pfeffer und Muskatnuss   abschmecken, auf Tellern anrichten und mit Parmesan, Pinienkernen und

Basilikumblättchen   bestreuen.

Mein Tipp:

Reiskornnudeln bekommen Sie in griechischen und türkischen Lebensmittelgeschäften oder in der Spezialitätenabteilung Ihres Supermarkts. Ersatzweise können Sie auch kleine Suppennudeln (z. B. in Muschelform) nehmen.

Tagliatelle *mit Heilbuttbolognese*

Für 4 Personen	*Zubereitungszeit: ca. 1 1/4 Std.*
400 g Heilbuttfilet	
(ohne Haut und Gräten)	waschen, trockentupfen und in sehr kleine Würfel schneiden.
1 Zwiebel und	
2 Knoblauchzehen	schälen, in feine Würfel schneiden und in einer beschichteten Pfanne in
2–3 EL Olivenöl	glasig dünsten. Die Fischwürfel dazugeben und ca. 2 Minuten mitbraten. Alles aus der Pfanne nehmen und zugedeckt warm halten.
250 g Fleischtomaten	über Kreuz einritzen, kurz überbrühen, abschrecken und enthäuten. Anschließend vierteln, entkernen und in kleine Würfel schneiden. Die Tomatenwürfel in die noch heiße Pfanne geben,
2 EL Tomatenmark	unterrühren,
500 ml Geflügelfond	angießen und
2 EL Oreganoblättchen	untermischen. Alles unter Rühren offen auf die Hälfte einkochen lassen. Die Sauce dann fein pürieren und zugedeckt warm halten.
200 g Tagliatelle	in reichlich kochendem
Salzwasser	nach Packungsanweisung bissfest garen. Inzwischen
80 g Parmesan	fein hobeln. Die fertigen Nudeln abgießen, gut abtropfen lassen und
3–4 EL Olivenöl	vorsichtig untermischen.
3 EL gehacktes Basilikum	und die Fischwürfel in die Tomatensauce geben und diese mit
Salz, Pfeffer und Chilipulver	würzig abschmecken. Die Nudeln mit der Fischbolognese anrichten, mit dem Parmesan und
Basilikumblättchen	bestreuen.

Mein Tipp:
Heilbutt eignet sich hervorragend für meine Fischbolognese, denn er ist sehr aromatisch und enthält relativ viel Fett, sodass er beim Garen nicht trocken wird. Ersatzweise können Sie auch Lachs, Saibling oder Steinbutt nehmen.

Überbackene Möhrenschnecken
mit Spinatsauce

Für 4 Personen

Zubereitungszeit: ca. 1 Std. (plus 1 Std. Kühlzeit für den Teig)

300 g griffiges Nudelmehl,
1 EL Olivenöl,
3 Eier, 1 Prise Salz und 2 EL Wasser zu einem glatten Teig verkneten. Den Teig in Frischhaltefolie wickeln und ca. 1 Stunde kühl stellen.

600 g Möhren putzen, schälen und grob raspeln.

2 Schalotten und
1 Knoblauchzehe schälen, in feine Würfel schneiden und in
3 EL Olivenöl mit Limone glasig dünsten. Die Möhren dazugeben und alles gut anbraten, bis das Gemüse leicht Farbe angenommen hat.

2 EL Honig untermischen und das Gemüse damit glasieren. Mit
3 EL Balsamico bianco ablöschen und mit
Salz, Pfeffer und
gemahlenem Kümmel würzen.
200 g Sahne angießen und bei mittlerer Hitze offen fast vollständig einkochen lassen.
1 EL gehackte Petersilie untermischen und die Möhren vom Herd nehmen. Eine große Auflaufform mit
1 TL Butter ausfetten. Den Backofen auf 180 °C vorheizen. Den Nudelteig noch einmal gut durchkneten (er muss sehr trocken sein, darf aber nicht bröckeln), in kleine Portionen teilen und jede Portion mit der Nudelmaschine dünn zu einem ca. 40 cm langen Streifen ausrollen. Die Nudelstreifen mit der Möhrenmischung bestreichen und fest zusammenrollen. Die Rollen in ca. 3 cm breite Stücke (Schnecken) schneiden und in die Form legen.

60 ml Geflügelfond,
60 g Sahne, Salz und
Chilipulver verrühren und über die Möhrenschnecken gießen.
80 g Bergkäse mittelfein reiben und darauf streuen. Die Möhrenschnecken im Backofen auf der mittleren Schiene ca. 30 Minuten garen.
Inzwischen für die Sauce

150 g Blattspinat und
80 g Rucola putzen, waschen und in reichlich
Salzwasser ca. 30 Sekunden blanchieren. Kurz abschrecken, gut ausdrücken und grob hacken. Beides mit

2 EL Kürbiskernöl,
100 ml Geflügelfond,
2 EL Olivenöl mit Limone und
dem Saft von ½ Zitrone fein pürieren und mit
Salz und Pfeffer abschmecken. Die Sauce mit den Nudelschnecken auf Tellern anrichten und alles mit
Dillspitzen garnieren.

Mein Tipp:
Kürbiskernöl ist nicht sehr lange haltbar, daher sollten Sie es immer kühl und dunkel aufbewahren und möglichst rasch verbrauchen. Alternativ können Sie für die Sauce aber auch ein feines Olivenöl verwenden.

Asiapfanne
mit Sprossen und Glasnudeln

Für 4 Personen	*Zubereitungszeit: ca. 40 Min.*
150 g Glasnudeln	ca. 10 Minuten in kaltem Wasser einweichen, abgießen und abtropfen lassen.
	Inzwischen
1 Chinakohl (ca. 500 g)	längs halbieren, den Strunk keilförmig herausschneiden und die Blätter ablösen. Die zarten und die fleischigen Blattteile getrennt in schmale Streifen schneiden.
100 g Sojabohnensprossen	in einem Sieb mit lauwarmem Wasser abbrausen, abtropfen lassen und die kleinen Wurzeln abschneiden.
200 g Austernpilze	putzen und in Streifen schneiden.
1 Möhre (ca. 100 g)	putzen, schälen und ebenfalls in Streifen schneiden.
1 EL eingelegten Ingwer	in Streifen schneiden.
1 kleine rote Chilischote	waschen, in dünne Ringe schneiden und die Kernchen mit einem spitzen Messer entfernen.
4 EL Sojaöl	im Wok oder einer tiefen Pfanne erhitzen. Nacheinander Möhren, Chinakohl, Austernpilze und Sojabohnensprossen hineingeben und unter Rühren anbraten. Dann die Hitze reduzieren und drei Viertel der Glasnudeln, den Ingwer und die Chiliringe untermischen.
2 EL Sojasauce, **1 EL Sherry- oder** **Weißweinessig und** **50 ml Geflügelfond** **Salz**	untermischen und alles mit würzig abschmecken.
300 ml Öl zum Frittieren	auf 180 °C erhitzen. Die restlichen Glasnudeln darin schwimmend ausbacken, bis sie knusprig sind. Die Asiapfanne auf Tellern anrichten, mit den frittierten Glasnudeln und
2 EL Korianderblättchen	garnieren.

Mein Tipp:

Statt der Glasnudeln können Sie zu meiner Asiapfanne auch Basmatireis oder gegarte Singapurnudeln (schmale asiatische Bandnudeln) servieren.

Beim Pfannenrühren wird immer zuerst das Gemüse mit der längsten Garzeit gebraten (hier die Möhren). Ist es dann bissfest gegart, gibt man die nächste Gemüsesorte hinzu.

Das Angebot an Sojasaucen ist riesig. Je nach Herkunftsland (Japan, China, Korea etc.) hat jede Sorte ihr ganz eigenes Aroma – mal sehr salzig, mal etwas süßlich, mal sehr würzig. Wenn Sie die asiatische Küche mögen, probieren Sie am besten verschiedene Sorten aus, um Ihre persönliche Lieblings-Sojasauce zu finden.

Knöpfle *à la Johann*

Für 4 Personen	*Zubereitungszeit: ca. 40 Min.*
	Für die Sauce
4 Tomaten	über Kreuz einritzen, kurz überbrühen, abschrecken und enthäuten. Anschließend vierteln, entkernen und in kleine Würfel schneiden.
300 g gekochten Schinken	in breite Streifen schneiden.
2 Schalotten	schälen, in feine Würfel schneiden und mit dem Schinken in
3 EL Butter	andünsten.
300 g Sahne und	
100 ml Geflügelbrühe	angießen und die Sauce einköcheln lassen, bis sie leicht sämig wird. Mit
Salz und Pfeffer	abschmecken und warm halten.
	Für die Knöpfle
400 g Mehl, 7 Eigelb,	
Salz, Pfeffer, Muskatnuss	und ca. 120 ml Wasser in einer Schüssel verrühren und den Teig so lange kräftig schlagen, bis sich kleine Bläschen bilden.
Reichlich Salzwasser	zum Kochen bringen. Den Teig durch eine Knöpflepresse (Spätzlepresse) ins Wasser drücken, alles einmal gut aufkochen lassen und die oben schwimmenden Knöpfle mit einem Sieblöffel herausnehmen. Mit
Salz und Muskatnuss	würzen, in
3 EL zerlassener Butter	schwenken und auf Tellern anrichten.
1 EL gehackte Petersilie,	
1 EL geschlagene Sahne	und die Tomatenwürfel unter die Sauce mischen. Die Sauce über die Nudeln geben und alles mit
80 g geriebenem Parmesan	bestreuen.

Mein Tipp:
Statt der Knöpflepresse können Sie auch einen Spätzlehobel nehmen. Die Nudeln werden dann etwas länger und dünner, schmecken aber genauso gut.

Penne *mit Lammbolognese*

Für 4 Personen	*Zubereitungszeit: ca. 50 Min.*
300 g Möhren	putzen und schälen.
200 g Staudensellerie	putzen, waschen und die harten Fäden abziehen. Beides in sehr feine Würfel schneiden.
100 g durchwachsenen Speck	ebenfalls in sehr feine Würfel schneiden.
200 g Schalotten und	
5 Knoblauchzehen	schälen und in sehr feine Würfel schneiden.
Je 1 Oregano- und	
Rosmarinzweig	waschen und trockenschütteln, die Blättchen bzw. Nadeln abzupfen und grob hacken. Für die Nudeln reichlich
Salzwasser	zum Kochen bringen.
	Inzwischen
400 g Lammhackfleisch	in
3 EL Olivenöl	kross anbraten. Möhren-, Sellerie-, Schalotten- und Knoblauchwürfel 2 bis 3 Minuten mitbraten.
2 EL Tomatenmark	unterrühren und kurz anrösten. Die Speckwürfel ebenfalls kurz mitbraten.
2 Dosen gewürfelte Tomaten	
(à 400 g)	untermischen.
200 ml trockenen Weißwein,	
600 ml Lammfond	und zwei Drittel der Kräuter unterrühren. Die Sauce offen köcheln lassen, bis sie sämig ist.
300 g Penne	ins kochende Nudelwasser geben und nach Packungsanweisung bissfest garen. Die Nudeln abgießen und abtropfen lassen. Anschließend mit
etwas Olivenöl	beträufeln, mit
Salz und Pfeffer	würzen und mit der Lammbolognese anrichten.
80 g Parmesan	darüber hobeln und die restlichen Kräuter darüber streuen.

Ravioli mit Pilz-Spinat-Füllung
und Kräuterbutter

Für 4 Personen	*Zubereitungszeit: ca. 45 Min. (plus 1 Std. Kühlzeit für den Teig)*
200 g Mehl, 1 Ei, 2 Eigelb, 2 EL Olivenöl und 1 Prise Salz	zu einem glatten Teig verkneten. Den Teig in Frischhaltefolie wickeln und ca. 1 Stunde kühl stellen. Inzwischen
250 g Blattspinat Salzwasser	putzen, waschen und in reichlich ca. 30 Sekunden blanchieren. Kurz abschrecken, sehr gut ausdrücken und fein hacken.
Je 125 g Pfifferlinge und Steinpilze	mit einem Pinsel oder feuchten Tuch von Erdresten befreien, putzen und sehr klein schneiden.
2 Schalotten und 1 Knoblauchzehe 50 g Butter	schälen, in sehr feine Würfel schneiden und mit den Pilzen in andünsten. Die Pilzmischung abkühlen lassen.
160 g Ricotta (ital. Frischkäse)	in ein sauberes Stofftuch geben, gut ausdrücken und mit dem Spinat und den Pilzen mischen.
40 g geriebenen Parmesan und 1 Eigelb	unterrühren und die Füllung mit
Salz, Pfeffer und Muskatnuss	würzen. Den Nudelteig noch einmal gut durchkneten (er muss sehr trocken sein, darf aber nicht bröckeln) und in kleine Portionen teilen. Jede Portion mit der Nudelmaschine dünn ausrollen und dann in 14 cm breite Streifen schneiden. Diese in 16 Quadrate schneiden. Die Pilzfüllung in einen Spritzbeutel mit großer Lochtülle geben und jeweils einen Kranz mit 5 bis 6 cm Durchmesser in die Mitte von 8 Teigquadraten spritzen.
8 Eigelb 2 verquirlten Eiweiß	vorsichtig in die Kränze gleiten lassen und die Teigränder sorgfältig mit bestreichen. Die restlichen Teigquadrate darauf legen und die Ränder gut andrücken. Die Ravioli mit einem gezackten, runden Ausstecher (11 cm Durchmesser) ausstechen und in leicht siedendem
Salzwasser	4 bis 5 Minuten garen.
100 g Butter	bei mittlerer Hitze zerlassen.
Je 1 EL gehackte Petersilie, gehackten Thymian und Schnittlauchröllchen sowie 1 Msp. abgeriebene unbehandelte Zitronenschale	unterrühren und alles mit
Salz und Pfeffer	würzen. Zum Servieren die abgetropften Ravioli mit der warmen Kräuterbutter beträufeln.

Mein Tipp:
Damit die Pilzfüllung problemlos durch die Spritztülle geht, müssen Sie alle Zutaten sehr klein schneiden. Außerdem kann sich so das feine Pilzaroma auch viel besser entfalten.
Ricotta, der italienische Frischkäse mit sehr mildem Aroma, eignet sich hervorragend für Nudelfüllungen. Ersatzweise können Sie aber auch einmal Schichtkäse verwenden.

Hauptgerichte mit Fisch & Meeresfrüchten

Waller im Sud
auf Gemüseragout

Für 4 Personen | *Zubereitungszeit: ca. 50 Min.*

4 Wallerfilets (ohne Haut, à 150 g) **Salz und Pfeffer** waschen, trockentupfen und eventuell vorhandene Gräten entfernen. Mit würzen.

Je 100 g Knollensellerie und Möhre putzen, schälen und in sehr dünne Stifte schneiden.

½ Lauchstange putzen, längs halbieren, waschen und in ca. 5 cm lange, feine Streifen schneiden. Die Gemüsestreifen in einen großen Dämpfeinsatz geben und die Filets darauf legen.
Für das Gemüseragout

je 100 g Blumenkohl und Romanesco **Salzwasser** putzen, in kleine Röschen zerteilen, waschen, kurz in reichlich blanchieren und abschrecken.

Je 1 Schalotte und Knoblauchzehe **2 EL Öl** schälen, in feine Würfel schneiden und in glasig dünsten.

100 ml trockenen Weißwein und 400 ml Gemüsebrühe **Salz, Pfeffer und Muskatnuss** angießen. Mit würzen und auf zwei Drittel einkochen lassen. Die Blumenkohl- und Romanescoröschen dazugeben, das Gemüseragout einmal aufkochen, mit

Chilipulver abschmecken und zugedeckt warm halten.
4 EL Butter in einem zum Dämpfeinsatz passenden Kochtopf erhitzen.
2 Schalotten schälen, in sehr feine Würfel schneiden und darin glasig dünsten.

250 ml trockenen Weißwein und 2 EL trockenen Vermouth (z. B. Noilly Prat) angießen und aufkochen lassen. Die Fischfilets über dem Sud 3 bis 5 Minuten zugedeckt dämpfen (sie sollten innen noch glasig sein, das Gemüse sollte noch Biss haben). Das Gemüseragout auf Tellern anrichten und mit bestreuen. Die Fischfilets darauf setzen und mit den Gemüsestreifen

1 EL Schnittlauchröllchen bestreuen. Zuletzt alles mit

2 EL frisch gehobeltem Meerrettich bestreuen.

Mein Tipp:
Noch viel schneller und sehr einfach lassen sich die Gemüsestreifen mit dem Gemüsehobel herstellen: Zuerst Möhre und Sellerie in sehr dünne Scheiben hobeln und diese anschließend mit dem Messer in feine Streifen schneiden.
Drehen Sie die Temperatur zurück, wenn die Dämpfflüssigkeit kocht und Sie den Einsatz aufgesetzt haben. Auch so entwickelt die Flüssigkeit ausreichend Dampf zum Garen.
Achten Sie darauf, dass Ihr Fisch nur so lange gegart wird, bis er innen wirklich noch leicht glasig ist.

Im Lauchmantel gebratener Heilbutt
mit Petersilienbutter und Stampfkartoffeln

Für 4 Personen	*Zubereitungszeit: ca. 55 Min.*
1 Lauchstange	putzen, längs halbieren, waschen, kurz in
Salzwasser	blanchieren und abschrecken. Die Lauchblätter ablösen und in 4 Portionen nebeneinander auf ein Schneidebrett legen.
4 Heilbuttfilets	
(ohne Haut, à 120 g)	waschen, trockentupfen und eventuell vorhandene Gräten entfernen. Die Filets auf den Lauch legen, fest einrollen und den Lauch mit Holz-zahnstochern feststecken.
600 g kleine mehlig kochende	
Kartoffeln	schälen, halbieren und in
Salzwasser	garen.
	Inzwischen für die Petersilienbutter
3 Schalotten	schälen, in feine Würfel schneiden und in
50 g Butter	glasig dünsten.
60 g gehackte Petersilie und	
den Saft von 1 Zitrone	dazugeben.
150 g eiskalte Butter	in Würfel schneiden und mit dem Pürierstab unter die nicht mehr kochende Sauce mixen. Die Petersilienbutter mit
Salz und Pfeffer	abschmecken und warm halten. Die Kartoffeln abgießen und abdampfen lassen.
150 ml Milch, 4 EL Butter,	
Salz, Pfeffer und Muskatnuss	aufkochen. Die Kartoffeln mit der Gewürzmilch übergießen, zerstampfen und eventuell mit
Salz und Pfeffer	nachwürzen. Die Stampfkartoffeln warm stellen.
1 Schalotte	schälen und in Streifen schneiden.
1 Knoblauchzehe	schälen und in feine Würfel schneiden. Die Fischpäckchen in einer Pfanne in
3 EL Olivenöl	vorsichtig von beiden Seiten anbraten. Die Schalottenstreifen und die Knoblauchwürfel dazugeben.
1 EL Butter	in der Pfanne erhitzen und die Fischpäckchen damit mehrmals übergießen (so bleibt der Fisch saftig).
2 Thymianzweige	waschen, trockenschütteln, hinzufügen und alles 2 bis 3 Minuten ziehen lassen. Die Fischpäckchen mit den Stampfkartoffeln und der Petersilien-butter anrichten.

Mein Tipp:
Auch wenn die Lauchstreifen mit Zahnstochern fixiert sind, empfehle ich Ihnen, die Päckchen zuerst mit der »Naht« nach unten anzubraten. So kleben die Lauchenden durch die Brathitze schnell zusammen (sie »verbacken«) und die Päckchen halten wesentlich besser zusammen.
Statt Heilbutt können Sie auch Kabeljau oder Rotbarsch verwenden.

Gefüllte Forellenfilets
mit Kräutersabayon

Für 4 Personen	*Zubereitungszeit: ca. 1 Std.*
¹⁄₂ **Zucchino, je 50 g rote und gelbe Paprikaschote und 60 g Aubergine**	putzen, waschen und in feine Würfel schneiden.
1 Knoblauchzehe und 3 Schalotten	schälen, in feine Würfel schneiden und in
2 EL Butter	glasig dünsten. Die Gemüsewürfel dazugeben und kurz mitdünsten. Dann alles kräftig mit
Salz und Pfeffer	würzen und
1 TL Tomatenmark	unterrühren. Die Mischung in eine Schüssel geben,
1 TL gehacktes Basilikum und 1 EL gehackte Petersilie	untermischen und alles abkühlen lassen.
1 EL Ricotta (ital. Frischkäse)	untermischen.
4 Forellenfilets (mit Haut, à 150 g)	waschen, trockentupfen und eventuell vorhandene Gräten entfernen. Die Filets mit den Hautseiten nach unten auf ein Küchenbrett legen und mit
Salz und Pfeffer	würzen. Dann jeweils auf einer Hälfte mit je einem Viertel der Gemüsefüllung bestreichen.
4 Basilikumblättchen	waschen, trockentupfen und darauf legen, die nicht bestrichenen Filetteile darüber klappen und mit Holzzahnstochern feststecken. Die Filets in einen Dämpfeinsatz legen.
¹⁄₂ **unbehandelte Limette**	heiß abwaschen, gut abtrocknen und die Schale mit einem Zestenreißer in feinen Streifen abziehen.
Je 2 rote Zwiebeln und Knoblauchzehen	schälen und in feine Würfel schneiden. Mit der Limettenschale in einem zum Dämpfeinsatz passenden Topf in
2 EL Butter	andünsten. Mit
50 ml weißem Portwein und 150 ml trockenem Weißwein	ablöschen,
100 ml Fischfond	angießen und den Sud mit
Salz und Pfeffer	würzen. Den Dämpfeinsatz einhängen und die Fischfilets bei milder Hitze zugedeckt ca. 5 Minuten dämpfen. Dann herausnehmen und die Haut vorsichtig abziehen. Die Fischfilets zugedeckt warm halten. Den Sud auf 200 ml einkochen lassen und durch ein Sieb in eine Schlagschüssel gießen.
4 Eigelb	unterrühren und alles über einem heißen Wasserbad cremig aufschlagen.
50 g eiskalte Butter	in kleine Würfel schneiden und in das Sabayon einrühren. Alles mit
Salz und Pfeffer	würzen und
je 1 EL fein gehackte Petersilie, fein gehackten Estragon und Kerbel sowie 1 EL Schnittlauchröllchen	unterrühren. Mit den Fischfilets anrichten.

Mein Tipp:
Als Beilage passen zu den feinen Fischfilets am besten Salzkartoffeln (ca. 500 g für 4 Personen).

Gebratener Zander *mit Haselnussvinaigrette*

Für 4 Personen	*Zubereitungszeit: ca. 40 Min.*
30 g Haselnusskerne	fein hacken, in einer Pfanne ohne Fettzugabe hellbraun rösten und abkühlen lassen.
1 Schalotte	schälen, in feine Würfel schneiden, mit
25 ml Gemüsebrühe	aufkochen und auf die Hälfte einkochen lassen.
3 EL Aceto balsamico	unterrühren und alles mit
Salz, Pfeffer und Zucker	abschmecken.
6 EL Nussöl	darunter schlagen. Die gerösteten Nüsse und
1 EL gehackte Petersilie	untermischen und die Vinaigrette zugedeckt warm halten.
150 g Basmatireis	kalt abbrausen, mit ca. 180 ml kaltem Wasser in einen Topf geben und ganz kurz aufkochen lassen. Anschließend bei sehr milder Hitze zugedeckt ca. 10 Minuten garen, dabei mehrmals umrühren.
4 Zanderfilets (mit Haut, à 150 g)	waschen, trockentupfen, eventuell vorhandene Gräten entfernen und die Haut rautenförmig einritzen (nicht zu tief schneiden).
2 Knoblauchzehen	schälen und in feine Würfel schneiden. Die Fischfilets mit den Hautseiten nach oben in einer großen beschichteten Pfanne in
3 EL Olivenöl Je 2 Thymian- und Rosmarinzweige Salz und Pfeffer	ca. 1 Minute anbraten. sowie die Knoblauchwürfel dazugeben. Die Filets vorsichtig wenden, mit würzen und weitere 6 bis 7 Minuten braten. Den Zander mit dem Reis und der Vinaigrette anrichten.

Mein Tipp:

Es ist zwar mühsam, die feinen Schuppen auf der Zanderhaut selbst zu entfernen, aber der Aufwand lohnt sich. Die Haut schützt den Fisch beim Garen und gibt außerdem ihr ganzes Aroma an das Fischfleisch ab.

Lachs mit Meerrettichkruste *auf Lauchgemüse*

Für 4 Personen	*Zubereitungszeit: ca. 45 Min.*
4 Weißbrotscheiben	entrinden und mit dem Pürierstab zerbröseln.
100 g zimmerwarme Butter	schaumig rühren. Sorgfältig mit dem Weißbrot,
2 EL geriebenem Meerrettich,	
Salz und Pfeffer	mischen. In einen großen Gefrierbeutel geben, zu einer ½ cm dicken Platte ausrollen und ca. 15 Minuten ins Gefrierfach legen. Inzwischen den Backofengrill einschalten.
300 g jungen Lauch	putzen, längs vierteln, in ½ cm große Würfel schneiden und waschen.
60 g in Öl eingelegte,	
getrocknete Tomaten	auf Küchenkrepp abtropfen lassen und in feine Würfel schneiden.
5 Tomaten	über Kreuz einritzen, kurz überbrühen, abschrecken und enthäuten. Anschließend vierteln, entkernen und in kleine Würfel schneiden.
Je 2 Schalotten und	
Knoblauchzehen	schälen, in feine Würfel schneiden und in
3 EL Olivenöl	glasig dünsten. Die Lauch- und alle Tomatenwürfel kurz mitdünsten, mit
Salz und Pfeffer	abschmecken und zugedeckt warm halten.
600 g Lachsfilet (ohne Haut)	waschen, trockentupfen und eventuell vorhandene Gräten entfernen. Den Lachs in 4 gleich große Stücke schneiden, mit
Salz und Pfeffer	würzen und in
2 EL Olivenöl	von beiden Seiten kurz anbraten. Anschließend auf ein mit Alufolie ausgelegtes Blech legen. Die Meerrettichbutter in 4 gleich große Stücke schneiden und auf den Lachs legen. Die Fischfilets unter dem Backofengrill 4 bis 5 Minuten goldgelb überbacken. Mit dem Lauchgemüse anrichten.

Mein Tipp:
Schneiden Sie vom Lachsfilet vor dem Würzen alle dunklen bzw. grauen Teile ab. Diese sehen nicht nur unschön aus, sie schmecken oft auch leicht tranig.

Überbackene Lachsforellenfilets
mit Brunnenkressesalat

Für 4 Personen
2 Lachsforellenfilets
(à ca. 200 g)   von den Bauchlappen befreien. Die Haut abziehen und eventuell noch vorhandene Gräten entfernen. Die Filets waschen und mit Küchenkrepp trockentupfen. Vier kleine feuerfeste Teller (sie müssen nebeneinander in den Backofen passen) mit

2 EL Olivenöl   bestreichen. Die Filets schräg in ½ bis 1 cm breite Scheiben schneiden und auf die Teller verteilen (die Scheiben dürfen dabei nicht übereinander liegen). Die Forellenfilets mit

Salz, Pfeffer und gemahlenem Koriander   würzen. Den Backofengrill einschalten.

2 Schalotten   schälen, in feine Würfel schneiden und in

2 EL Butter   glasig dünsten.

2 EL trockenen Vermouth (z. B. Noilly Prat), 100 ml Fischfond und 60 g Sahne   dazugeben und auf ein Drittel einkochen lassen.

60 g eiskalte Butter   in kleine Würfel schneiden und mit dem Pürierstab unter die nicht mehr kochende Sauce mixen, bis sie bindet. Anschließend

2 EL geschlagene Sahne   mit dem Pürierstab untermixen. Die Fischfilets mit der aufgeschäumten Sauce beträufeln und unter dem Backofengrill auf der mittleren Schiene 4 bis 5 Minuten überbacken, bis alles schön gebräunt ist.

Inzwischen für den Salat

120 g Brunnenkresse   verlesen, waschen und trockenschleudern.

6 Radieschen   putzen, waschen und in feine Stifte schneiden. Die Radieschenstifte und die Brunnenkresse mit

4 EL Walnussöl, etwas Balsamico bianco, Salz und Pfeffer   mischen. Die gratinierten Forellenfilets aus dem Backofen nehmen und den Kressesalat jeweils in die Mitte geben.

Zubereitungszeit: ca. 50 Min.

Mein Tipp:
Sollten Sie keine Brunnenkresse bekommen, eignet sich auch nussig-würziger Rucola für dieses Gericht.
Statt Walnussöl können Sie ersatzweise auch ein anderes Nussöl (z. B. Haselnussöl) verwenden.
Zu den überbackenen Fischfilets passen hervorragend Baguettescheiben, die man kurz in der Pfanne von beiden Seiten in etwas Nussöl anröstet.

140

Überbackene Lachscannelloni
mit Mangoldgemüse

Für 4 Personen

Zubereitungszeit: ca. 55 Min.

8 grüne Lasagneplatten
Salzwasser in reichlich kochendem ca. 6 Minuten bissfest garen. Kurz abschrecken, etwas abtropfen lassen und nebeneinander auf einem Stofftuch auslegen. Eine Auflaufform mit

1 TL Butter ausfetten.

500 g Lachsfilet
(Mittelstück, ohne Haut) waschen, trockentupfen und eventuell vorhandene Gräten entfernen. Das Filet in 8 ca. 2 cm breite Streifen schneiden. Diese mit dem

Saft von 1 Zitrone beträufeln, mit
Salz und Pfeffer würzen und vorsichtig in die Lasagneplatten einwickeln. Die Lachscannelloni nebeneinander (jeweils mit der Naht nach unten) in die Auflaufform legen. Den Backofen auf 200 °C vorheizen.

100 ml trockenen Weißwein
und 3 Eigelb über einem heißen Wasserbad schaumig aufschlagen. Vom Wasserbad nehmen und

100 g weiche Butter
Salz, Cayennepfeffer und
dem Saft von ½ Zitrone nach und nach unterrühren. Die Sauce mit

abschmecken und
1 EL geschlagene Sahne unterheben. Die Sauce über die Cannelloni gießen.
30 g Parmesan fein reiben und über die Cannelloni streuen. Die Lachscannelloni im Backofen auf der mittleren Schiene ca. 12 Minuten garen. Inzwischen für das Mangoldgemüse von

1 Mangoldstaude (ca. 600 g) die Blätter abtrennen, putzen und waschen. Die grünen Blattteile von den weißen Stielen abschneiden, Stiele und Blätter getrennt in feine Streifen schneiden.

Je 1 Schalotte und
Knoblauchzehe schälen und in feine Würfel schneiden.
3 EL Öl und 1 EL Butter in einem großen Topf erhitzen. Die Mangoldstiele sowie die Schalotten- und Knoblauchwürfel darin kurz andünsten und mit

1 EL Mehl
80 ml Geflügelfond und
50 ml trockenen Weißwein bestäuben.

angießen und das Gemüse bei milder Hitze zugedeckt ca. 5 Minuten dünsten. Dann mit

Salz, Pfeffer und
etwas Zitronensaft würzen. Die Mangoldblätter untermischen und alles weitere 2 Minuten dünsten. Die Cannelloni mit dem Mangoldgemüse anrichten und mit
Dillspitzen garnieren.

Mein Tipp:
Da gekochte Lasagneblätter rasch zusammenkleben, sollten Sie sie nach dem Abtropfen immer nebeneinander auslegen – am besten auf einem großen Küchenbrett, einem sauberen Stofftuch oder einem Stück Frischhaltefolie. Mangold hat ein würziges Aroma, das ein wenig an Spinat und Nüsse erinnert. Seine Haupterntezeit ist von Mai bis September. Er ist maximal 2 Tage im Kühlschrank lagerbar, daher sollten Sie ihn direkt am Einkaufstag verarbeiten.

Lachs im Blätterteig
mit Champagner-Estragon-Sauce

Für 4 Personen	*Zubereitungszeit: ca. 45 Min.*
100 g Zanderfilet **(ohne Haut)**	waschen, trockentupfen und eventuell vorhandene Gräten entfernen. Das Filet in kleine Würfel schneiden und ca. 20 Minuten ins Gefrierfach legen.
300 g Lachsfilet **(ohne Haut)** **Salz und Pfeffer**	waschen, trockentupfen und eventuell vorhandene Gräten entfernen. Mit würzen.
100 g Blattspinat **Salzwasser**	putzen, waschen und in reichlich kochendem ca. 30 Sekunden blanchieren. Kurz abschrecken, auf Küchenkrepp abtropfen lassen und zu einer Matte (ca. 10 x 20 cm groß) ausrollen (siehe Tipp). Den Backofen auf 220 °C vorheizen. Die Zanderwürfel mit
70 g Sahne, 1 Eiweiß, **2 EL trockenen Vermouth** **(z. B. Noilly Prat),** **Salz und Pfeffer**	fein pürieren. Die Farce auf den Spinat streichen, den Lachs darauf legen und vorsichtig in die Spinatmatte einrollen.
1 Eigelb	verquirlen.
400 g fertig ausgerollten **Blätterteig aus dem Kühlregal** **(20 x 30 cm groß)**	in 2 gleich große Stücke schneiden. Die eine Teigplatte mit dem Eigelb bestreichen und das Lachspäckchen darauf setzen. Die zweite Teigplatte darauf legen, eng um den Lachs formen und die Teigränder zusammendrücken. Überstehende Teigränder abschneiden, damit ein sauberes Teigpaket entsteht. Dieses auf ein mit Backpapier ausgelegtes Backblech setzen und im Backofen auf der mittleren Schiene ca. 15 Minuten backen. Inzwischen
1 Schalotte	schälen, in feine Würfel schneiden und in
1 EL Butter	glasig dünsten.
Je 100 ml Fischfond und **Champagner sowie** **100 g Sahne**	angießen und die Sauce auf die Hälfte einkochen lassen. Mit
Salz und Pfeffer	würzen und
1 EL gehackten Estragon	unterrühren.
40 g kalte Butter	in Würfel schneiden und unter die Sauce rühren. Die Sauce mit dem Pürierstab schaumig aufmixen. Den Lachs im Blätterteig mit einem Elektromesser oder scharfen Brotmesser in Scheiben schneiden und mit der Champagner-Estragon-Sauce anrichten.

Mein Tipp:

Und so wird die Spinatmatte gemacht: Den abgetropften, nicht ausgedrückten Spinat leicht auseinander zupfen, auf ein sauberes Stofftuch legen, mit einem zweiten Stofftuch bedecken und dann mit einem Nudelholz flach rollen. Hübsch sieht es aus, wenn Sie aus den Blätterteigresten Ornamente ausstechen und diese mit etwas Eigelb auf das Teigpaket »kleben«.

Zanderfilet mit Kartoffelkruste
auf Rahmsauerkraut

Für 4 Personen	*Zubereitungszeit: ca. 1 1/4 Std.*
600 g frisches Sauerkraut	in einem Sieb gründlich mit kaltem Wasser abbrausen und dann gut ausdrücken.
100 g Zwiebeln	schälen, in feine Würfel schneiden und in
3 EL Butterschmalz	glasig dünsten. Das Sauerkraut dazugeben und bei milder Hitze zugedeckt 10 bis 15 Minuten schmoren (es darf nicht bräunen). Dann alles mit
100 ml trockenem Weißwein **und 150 ml Gemüsebrühe**	ablöschen und
300 g Sahne	angießen.
1 Lorbeerblatt, 1 Gewürznelke, **5 zerdrückte schwarze Pfeffer-** **körner und Salz**	dazugeben und das Kraut bei mittlerer Hitze offen ca. 25 Minuten garen. Inzwischen
1 Tomate	über Kreuz einritzen, kurz überbrühen, abschrecken und enthäuten. Anschließend vierteln, entkernen und in kleine Würfel schneiden.
2 Petersilienstiele	waschen, trockenschütteln, die Blättchen abzupfen und fein hacken.
4 Zanderfilets **(mit Haut, à 150 g)**	waschen, trockentupfen und eventuell vorhandene Gräten entfernen. Die Filets mit
Salz und Pfeffer	würzen.
2 große fest kochende Kartoffeln	schälen, waschen und grob raspeln. Die Zanderfilets mit den Hautseiten nach unten auf ein Küchenbrett legen und mit den Raspeln belegen.
1 EL Speisestärke	mit etwas kaltem Wasser anrühren und das gegarte, noch leicht köchelnde Sauerkraut damit unter Rühren binden. Tomatenwürfel, Petersilie und
2 EL geschlagene Sahne	unterheben und das Rahmsauerkraut zugedeckt warm halten.
2 EL Butterschmalz	in einer beschichteten Pfanne erhitzen. Die Fischfilets mit den Kartoffel- seiten nach unten vorsichtig hineinlegen und bei mittlerer Hitze so lange braten, bis die Kartoffeln hellbraun sind. Dann die Filets mit 2 Pfannen- wendern vorsichtig wenden und
2 Thymianzweige, **1 Rosmarinzweig und** **3 ungeschälte, leicht ange-** **drückte Knoblauchzehen**	in die Pfanne geben. Die Fischfilets auf den Hautseiten ca. 3 Minuten bra- ten, bis die Haut kross ist. Zuletzt alles mit
Salz und Pfeffer	würzen und mit dem Rahmsauerkraut anrichten.

Mein Tipp:
Statt mit Kartoffelraspeln können Sie die Zanderfilets auch dachziegelartig mit hauchdünn gehobelten Kartoffelscheiben belegen.
Sauerkraut und Fisch sind ein ideales Paar – nur zu sauer darf das Kraut nicht sein. In diesem Rezept bindet die Sahne die Säure und verstärkt zudem das feine Aroma des Krauts.

Panierte Schollenfilets
mit Paprikaschaum und Knoblauchnudeln

Für 4 Personen	*Zubereitungszeit: ca. 1 Std.*
2 gelbe Paprikaschoten	längs halbieren, entkernen, waschen und in Stücke schneiden.
50 g Schalotten	schälen, in feine Würfel schneiden und in
2 EL Butter	glasig dünsten. Die Paprikastücke dazugeben und ebenfalls leicht andünsten.
150 ml Gemüsebrühe und	
200 g Sahne	angießen und die Paprika bei mittlerer Hitze zugedeckt ca. 10 Minuten garen. Das Gemüse fein pürieren und durch ein Sieb in einen Topf streichen.
50 g eiskalte Butter	in kleine Würfel schneiden, in die Sauce einrühren und diese mit
Salz, Pfeffer und	
etwas Zitronensaft	würzig abschmecken. Zum Schluss
1 EL geschlagene Sahne	unterheben und den Paprikaschaum zugedeckt warm halten.
200 g feine Bandnudeln	in reichlich kochendem
Salzwasser	nach Packungsanweisung bissfest garen. Inzwischen
4 Schollenfilets	
(ohne Haut, à 100 g)	waschen, trockentupfen und eventuell vorhandene Gräten entfernen. Die Filets mit
Salz und grob	
geschrotetem Pfeffer	würzen.
120 g Schalotten	schälen, in sehr feine Würfel schneiden und in
3 EL Butter	glasig dünsten. Abkühlen lassen, dann
1 EL gehackte Petersilie und	
80 g Semmelbrösel	untermischen.
2 Eier und 1 EL Sahne	verquirlen. Die Nudeln abgießen, kurz abschrecken und gut abtropfen lassen.
1 Tomate	über Kreuz einritzen, kurz überbrühen, abschrecken und enthäuten. Anschließend vierteln, entkernen und in Streifen schneiden.
3 Knoblauchzehen	schälen, in feine Scheiben schneiden und in
3 EL Olivenöl	goldgelb braten. Die Nudeln dazugeben, gut durchschwenken und mit
Salz und Pfeffer	würzen. Die Tomatenwürfel mit
1 EL Thymianblättchen und	
2 EL Olivenöl	unter die Nudeln mischen. Zugedeckt warm halten. Die Fischfilets zuerst in
50 g Mehl	wenden, dann durch die Eier ziehen und zuletzt in der Semmelbröselmischung panieren.
60 g Butterschmalz	in einer beschichteten Pfanne erhitzen.
2 Thymianzweige	zum Aromatisieren hineingeben und die Fischfilets darin bei milder Hitze von jeder Seite ca. 2 Minuten braten, bis sie goldgelb sind. Die Schollenfilets mit dem Paprikaschaum und den Nudeln servieren.

Mein Tipp:
Braten Sie die Schollenfilets immer nur bei mittlerer Hitze, damit die Panade nicht zu schnell dunkel wird. Statt der Schollenfilets können Sie auch einmal Waller-, Heilbutt- oder Seelachsfilets verwenden.

Seelachs mit Tomatenkruste *auf Spinatgemüse*

Für 4 Personen	*Zubereitungszeit: ca. 1 Std.*
250 g Blattspinat	putzen, waschen und abtropfen lassen.
2 Schalotten und	
1 Knoblauchzehe	schälen, in feine Würfel schneiden und in einem großen Topf in
2 EL Olivenöl	glasig dünsten. Den Spinat dazugeben und bei mittlerer Hitze unter mehrmaligem Wenden 1 bis 2 Minuten zusammenfallen lassen. Mit
Salz, Pfeffer und Muskatnuss	würzen. Dann
120 g Sahne	angießen und etwas einkochen lassen. Den Spinat zugedeckt warm halten. Den Backofengrill einschalten.
50 g Toastbrot (vom Vortag)	mit dem Pürierstab fein zerbröseln.
80 g Butter	mit dem Handrührgerät schaumig rühren.
3 EL Tomatenmark	
mit Basilikum	unterrühren, dann die Toastbrotbrösel untermischen. Einen großen feuerfesten Teller mit
2 EL Olivenöl	beträufeln.
600 g Seelachsfilet (ohne Haut)	waschen, trockentupfen und eventuell vorhandene Gräten entfernen. Den Fisch mit dem
Saft von 1 Zitrone	beträufeln und mit
Salz und Pfeffer	würzen. Dann in 4 gleich große Stück schneiden, auf den Teller legen und ca. 1 cm dick mit der Tomatenmasse bestreichen. Den Fisch unter dem Backofengrill auf der mittleren Schiene ca. 6 Minuten gratinieren. Vorsichtig vom Teller heben und mit dem Spinat auf Tellern anrichten.

Mein Tipp:

Die Tomatenkruste gibt dem Seelachs die richtige Würze. Sollten Sie das Tomatenmark mit Basilikum nicht bekommen, können Sie stattdessen normales Tomatenmark nehmen und 1 TL fein gehacktes Basilikum untermischen.

Gebratene Rotbarbe *auf Bouillabaisse-Gemüse*

Für 4 Personen	*Zubereitungszeit: ca. 1 Std.*
	Den Backofen auf 200 °C vorheizen.
½ **Lauchstange**	putzen, längs halbieren und sorgfältig waschen.
1 große Möhre	putzen und schälen.
1 Fenchelknolle	putzen und waschen. Alles in feine Stifte schneiden und in
3 EL Olivenöl	andünsten. Mit
Salz, Pfeffer und	
1 TL Safranfäden	würzen und mit
50 ml trockenem Weißwein	ablöschen.
100 ml Fischfond	angießen und das Gemüse bei milder Hitze zugedeckt bissfest garen.
12 frische Perlzwiebeln	schälen, halbieren und bei mittlerer Hitze in
2 EL Olivenöl und	
1 TL Zucker	glasig dünsten. In eine Auflaufform geben und im Backofen auf der mitt- leren Schiene zugedeckt ca. 10 Minuten garen. Anschließend unter das Gemüse mischen.
50 g Butter	in kleine Würfel schneiden und ebenfalls vorsichtig untermischen. Das Gemüse zugedeckt warm halten.
4 küchenfertige Rotbarben (à 150 g)	waschen und trockentupfen.
2 EL Olivenöl	in einer Pfanne erhitzen und
2 Thymianzweige und 2 angedrückte, ungeschälte Knoblauchzehen	hineingeben. Die Rotbarben im Würzöl von jeder Seite 3 bis 4 Minuten braten. Mit
Salz und Pfeffer	würzen und mit dem Gemüse und den gebratenen Kräutern anrichten.

Gedämpfte Fischröllchen
mit Zitronengrasschaum

Für 4 Personen	*Zubereitungszeit: ca. 1 Std.*
120 g Basmatireis	kalt abbrausen, mit ca. 140 ml kaltem Wasser in einen Topf geben und kurz aufkochen. Anschließend bei sehr milder Hitze zugedeckt ca. 10 Minuten garen, dabei mehrmals umrühren. Den heißen Reis auf einem großen Backblech flach verteilen, damit er schneller auskühlt, denn er kann nur kalt gebraten werden. Inzwischen
¼ Lauchstange	putzen und waschen.
1 große Möhre und	
¼ Sellerieknolle	putzen und schälen. Das Gemüse in 6 cm lange und ca. 3 mm dünne Stifte schneiden und getrennt in
Salzwasser	
4 Schollenfilets	
(ohne Haut, à 100 g)	bissfest blanchieren, abschrecken und gut abtropfen lassen. waschen, trockentupfen und eventuell vorhandene Gräten entfernen. Mit den ehemaligen Hautseiten nach oben auf die Arbeitsplatte legen. Mit
Salz und Pfeffer	würzen. Die Gemüsestreifen quer auf die Filets legen, diese zusammenrollen und mit Holzzahnstochern feststecken.
1 Schalotte und	
20 g Ingwerwurzel	schälen und in Streifen scheiden.
1 Knoblauchzehe	schälen und vierteln.
3 Stangen Zitronengras	putzen, waschen und in kleine Stücke schneiden.
200 ml Fischfond	mit den klein geschnittenen Zutaten in einem Topf aufkochen. Die Fischröllchen in einen zum Topf passenden Dämpfeinsatz setzen und zugedeckt ca. 6 Minuten über dem Fond dämpfen. Herausnehmen und zugedeckt warm halten. Den Dämpffond mit
70 g Sahne	aufkochen und ca. 10 Minuten langsam einköcheln lassen. Durch ein Sieb gießen und mit dem
Saft von 1 Limette, Salz, Pfeffer und Zucker	abschmecken.
50 g eiskalte Butter	in Würfel schneiden und mit dem Pürierstab untermixen.
1 EL geschlagene Sahne	unterheben.
50 g Butter	in einer Pfanne erhitzen und
2 TL Zitronenthymian- oder Thymianblättchen	
Salz und Pfeffer	darin kurz andünsten. Den Reis in der Butter braten und mit abschmecken. Mit den Fischröllchen und dem Zitronengrasschaum anrichten.

Mein Tipp:
In der Regel rollt man Fischfilets immer mit der ehemaligen Hautseite nach innen auf. Denn diese zieht sich beim Garen zusammen und hält so die Röllchen in Form. Sie erkennen diese Seite an ihrer sehr glatten Oberfläche, die häufig noch kleine hellgraue und glänzende Stellen hat.
Wenn es einmal etwas Besonderes sein soll, können Sie statt der Schollenfilets edle Seezungenfilets verwenden.

Fischfrikassee
mit Gewürzreis

Für 4 Personen	*Zubereitungszeit: ca. 45 Min. (plus ca. 30 Min. Quellzeit für den Reis)*
300 g Basmatireis	in einem Sieb kalt abbrausen und in einer Schüssel in ca. 460 ml Wasser 30 Minuten quellen lassen.
	In einer zweiten Schüssel 450 ml Wasser mit
1 Prise Safran,	
5 Kardamomkapseln,	
1 Prise gemahlener Nelke,	
1 Zimtstange (5 cm),	
3 Lorbeerblättern und	
1 Prise Salz	verrühren.
3 EL Butterschmalz	in einem hohen Topf erhitzen, den abgetropften Reis darin glasig dünsten. Das Gewürzwasser angießen, alles einmal unter Rühren aufkochen, den Herd abschalten (bei Gas auf sehr kleine Flamme schalten) und den Reis zugedeckt 15 bis 20 Minuten quellen lassen. Der Deckel darf dabei nicht geöffnet werden.
	Inzwischen für das Frikassee
2 Schalotten	schälen und in Streifen schneiden.
2 Knoblauchzehen	schälen und in feine Würfel schneiden. Beides in
2 EL Butter	glasig dünsten. Mit
1 TL Currypulver	bestäuben und mit
150 ml trockenem Weißwein und 200 ml Fischfond	ablöschen.
400 g Zanderfilet (ohne Haut)	waschen, trockentupfen und eventuell vorhandene Gräten entfernen. Das Filet in 3 cm große Würfel schneiden und in einen Dämpfeinsatz legen, der in den Topf mit der köchelnden Currysauce passt. Den Fisch über der Sauce bei mittlerer Hitze zugedeckt 3 bis 5 Minuten dämpfen. Warm halten.
200 g Sahne	unter die Currysauce rühren, alles sämig einköcheln lassen und mit
Salz und Pfeffer	abschmecken.
40 g eiskalte Butter	in kleine Würfel schneiden und unter die nicht mehr köchelnde Currysauce mixen. Den Fisch hinzufügen und warm halten.
Je 50 g Möhre, Staudensellerie und Lauch	putzen, waschen bzw. schälen, in Scheiben oder mundgerechte Würfel schneiden, in kochendem
Salzwasser	bissfest blanchieren und in das Fischfrikassee geben. Zuletzt
1 EL gehackten Dill und 2 EL geschlagene Sahne	unterheben und das Frikassee mit dem Gewürzreis servieren.

Mein Tipp:
Statt Zander können Sie auch Heilbutt, Rotbarsch oder Seelachs nehmen. Wenn Sie keinen Dämpfeinsatz haben oder Ihnen das Dämpfen zu aufwändig ist, können Sie auch zunächst die Currysauce zubereiten und die rohen Fischwürfel darin bei milder Hitze 6 bis 8 Minuten gar ziehen lassen. Dann die Gemüsewürfel – wie im Rezept beschrieben – hinzufügen und den Dill und die geschlagene Sahne unterheben.

Feiner Pannfisch
mit Bratkartoffeln und Senfsauce

Für 4 Personen	*Zubereitungszeit: ca. 1 1/4 Std.*
1 kg mittelgroße	
fest kochende Kartoffeln	waschen und in
Salzwasser	als Pellkartoffeln garen. Inzwischen
1 Bund Frühlingszwiebeln	putzen, waschen und in ca. 1 cm dicke Ringe schneiden.
800 g Kabeljaufilet	
(ohne Haut)	waschen, trockentupfen und eventuell vorhandene Gräten entfernen. Das Filet in 16 ca. gleich große Stücke schneiden und mit
3 EL Zitronensaft	beträufeln.
	Für die Senfsauce
150 g Butter	bei milder Hitze zerlassen.
80 g scharfen Senf und	
2 Eigelb	in einer Schüssel über einem heißen Wasserbad unter Rühren erwärmen. Die flüssige Butter nach und nach dazugeben und weiterschlagen, bis die Sauce leicht sämig wird. Dann
150 g Naturjoghurt	einrühren. Die Sauce mit
Salz, Pfeffer und	
1 Spritzer Zitronensaft	abschmecken und über dem ausgeschalteten Wasserbad warm halten. Die Kartoffeln abgießen, kurz abdampfen lassen, pellen und abkühlen lassen. Dann in Scheiben schneiden.
100 g Butterschmalz	in einer sehr großen Pfanne erhitzen. Die Kartoffelscheiben hineingeben, leicht mit
Salz	würzen und bei mittlerer Hitze 8 bis 10 Minuten goldgelb braten. Dabei die Kartoffeln zwischendurch mehrmals vorsichtig wenden. Die Frühlingszwiebeln dazugeben und alles weitere 3 Minuten braten. Dann warm halten.
80 g Mehl,	
Salz und Pfeffer	auf einem flachen Teller mischen und die Fischstücke darin wenden.
3 EL Butterschmalz	in einer beschichteten Pfanne erhitzen und die Fischstücke darin bei starker Hitze von jeder Seite ca. 5 Minuten braten, bis sie braun und knusprig sind. Die Fischstücke zu den Bratkartoffeln geben und alles vorsichtig mischen.
1 EL gehackte Petersilie und	
1 EL gehackten Dill	unterrühren und die Senfsauce dazu reichen.

Mein Tipp:

Kabeljau ist ein sehr empfindlicher Fisch, der schnell verarbeitet werden muss. Vor allem das Filet erfordert bei der Zubereitung in der Pfanne viel Fingerspitzengefühl, da es beim Wenden leicht zerfällt.

Sie können den Pannfisch auch einmal mit Lengfisch-, Rotbarsch- oder Seelachsfilet zubereiten. Als weitere Beilage passt ein klassischer Gurkensalat am besten.

Wenn Sie die Senfsauce lieber etwas milder mögen, ersetzen Sie die Hälfte des scharfen Senfs durch eine mittelscharfe Sorte.

Forelle in der Folie *mit Salzkartoffeln*

Für 4 Personen

Zubereitungszeit: ca. 45 Min.
Den Backofen auf 180 °C vorheizen.

**4 küchenfertige Regenbogen-
forellen (à 300 – 400 g)**

innen und außen waschen, trockentupfen und die Bauchhöhlen mit insgesamt

**je 4 Dill- und
Petersilienstielen
Salz und Pfeffer
2 Zitronen**

füllen. Die Fische jeweils auf ein großes Stück Alufolie legen und mit würzen.
sorgfältig schälen, sodass auch die weiße Haut mit entfernt wird, und die Fruchtfilets herausschneiden.

**100 g Möhren und
4 Frühlingszwiebeln
2 Schalotten
4 EL Butter
100 ml trockenen Weißwein,
etwas gemahlenen Koriander
und 2 EL gehackten Dill
Salz und Pfeffer**

putzen, schälen bzw. waschen und in feine Würfel schneiden.
schälen und ebenfalls in feine Würfel schneiden. Das Gemüse in andünsten. Die Zitronenfilets,

hinzufügen und alles mit
würzen. Das Gemüse auf den Forellen verteilen, die Folie zu festen Päckchen verschließen und die Fische im Backofen auf der mittleren Schiene 15 bis 20 Minuten garen.
Inzwischen

**400 g vorwiegend fest
kochende Kartoffeln
Salzwasser
2 ½ EL Butter
Salz und Muskatnuss**

schälen, vierteln und in
garen. Abgießen, etwas abdampfen lassen,
dazugeben und mit
würzen. Zu den Forellen servieren.

Gebratene Scholle *mit Kräuterkartoffeln*

Für 4 Personen	*Zubereitungszeit: ca. 50 Min.*
300 g kleine neue Kartoffeln	gut waschen und in
Salzwasser	als Pellkartoffeln garen. Inzwischen
8 Schollenfilets	
(ohne Haut, à 70 g)	waschen, trockentupfen und eventuell vorhandene Gräten entfernen. Die Filets mit dem
Saft von 1 Zitrone	beträufeln und mit
Salz und Pfeffer	würzen.
60 g dünne durchwachsene	
Speckscheiben	in feine Würfel schneiden.
3 Schalotten	schälen und ebenfalls in feine Würfel schneiden. Beides in
1 EL Butter	andünsten. Auf Küchenkrepp abtropfen und abkühlen lassen und mit
150 g Semmelbrösel	mischen.
4 Eier und 1 EL Senf	verrühren. Die Kartoffeln abgießen, kurz abdampfen lassen und pellen. Die Schollenfilets zuerst in
80 g Mehl	wenden, dann durch die Eiermischung ziehen und zuletzt mit den Specksemmelbröseln panieren. Die Kartoffeln in einer Pfanne in
50 g Butter	leicht bräunen. Mit
Salz und Pfeffer	würzen und
je 1 EL gehackte Petersilie,	
gehackten Kerbel und	
gehackten Estragon	untermischen. Die Fischfilets in
3 EL Butterschmalz	von jeder Seite 2 bis 3 Minuten braten, bis sie goldgelb sind. Auf Küchenkrepp abtropfen lassen, anschließend mit
Salz und Pfeffer	würzen. Mit den Kartoffeln anrichten und mit
Dillspitzen	garnieren.

Gegrillter Thunfisch
mit Couscous-Gemüse-Salat

Für 4 Personen	*Zubereitungszeit: ca. 40 Min. (plus 2–3 Std. Marinierzeit)*
600 g Thunfischfilet (ohne Haut)	waschen, trockentupfen und eventuell vorhandene Gräten entfernen. Das Filet in 3 cm große Würfel schneiden.
Je 1 rote und grüne Paprikaschote	längs halbieren, entkernen, waschen und ebenfalls in 3 cm große Würfel schneiden.
1 Zucchino	putzen, waschen, längs halbieren und in Scheiben schneiden.
1 Knoblauchzehe Saft von 2 Limetten, 100 ml Olivenöl, Salz und Pfeffer sowie 3 gehackten Thymianzweigen	schälen, in feine Würfel schneiden und mit dem verrühren. Den Fisch und das Gemüse in der Marinade im Kühlschrank zugedeckt 2 bis 3 Stunden ziehen lassen. Danach abtropfen lassen und abwechselnd auf 8 Spieße stecken. Die Würzmarinade beiseite stellen. Für den Couscous 300 ml Wasser mit
Salz	aufkochen, über
250 g Instant-Couscous	gießen und diesen ca. 5 Minuten ziehen lassen.
Je ½ rote, grüne und gelbe Paprikaschote	entkernen, waschen und in feine Würfel schneiden.
1 EL Pinienkerne	in einer Pfanne ohne Fettzugabe goldbraun rösten.
1 Schalotte, 40 g Ingwerwurzel und 1 Knoblauchzehe	schälen und in feine Würfel schneiden.
1 EL braunen Zucker	bei milder Hitze in
2 EL Olivenöl	schmelzen lassen. Die Schalotten-, die Ingwer- und die Knoblauchwürfel darin kurz andünsten. Die Paprikawürfel und die Pinienkerne dazugeben,
je 50 ml Balsamico bianco und Fischfond	angießen, alles einmal aufkochen und vom Herd nehmen.
4 EL Olivenöl	unter ständigem Rühren einlaufen lassen und die Marinade unter den noch warmen Couscous mischen. Mit
Salz, Chilipulver und 1 EL gehackter Petersilie	abschmecken. Die Spieße in einer Grillpfanne oder auf dem Gartengrill 4 bis 5 Minuten von allen Seiten braten. Danach mit ein wenig Thunfischmarinade bestreichen, mit
Salz und Pfeffer	würzen und mit dem Couscoussalat servieren.

Mein Tipp:
Gerade zum Braten von dicken Fisch- und Fleischstücken ist eine Grillpfanne ideal. Da das Bratgut nicht vollflächig, sondern nur auf den Rippen aufliegt, bekommt es nur mittlere Hitze, die langsam und gleichmäßig bis in das Innere des Bratguts vordringt. Fisch und Fleisch bleiben so innen schön saftig und sehen zudem durch das typische Grillmuster auch gut aus.
Couscous (Weizengrieß) kommt aus Nordafrika. Wegen seiner kurzen Quellzeit ist er sich ideal für die schnelle Küche.

Tintenfischragout
mit grünen Nudeln

Für 4 Personen	*Zubereitungszeit: ca. 45 Min. (plus ca. 1 Std. Einweichzeit für die Pilze)*
20 g getrocknete Mu-Err-Pilze	ca. 1 Stunde in kaltem Wasser einweichen, anschließend in feine Streifen schneiden.
1 Knoblauchzehe	schälen und in feine Würfel schneiden.
80 g rote Zwiebeln	schälen und in Streifen schneiden.
180 g Brokkoli	putzen, in Röschen zerteilen und waschen.
1 Tomate	über Kreuz einritzen, kurz überbrühen, abschrecken und enthäuten. Anschließend vierteln, entkernen und in Streifen schneiden.
1 kleine rote Chilischote	längs halbieren und die Kernchen mit einem spitzen Messer entfernen, die Schote waschen und in feine Streifen schneiden.
500 g küchenfertige Tintenfischtuben (vom Kalmar)	waschen, trockentupfen und in 1 cm breite Ringe scheiden. Für die Nudeln reichlich
Salzwasser	zum Kochen bringen. Inzwischen die Knoblauchwürfel und die Zwiebelstreifen in
3 EL Sesamöl	glasig dünsten. Die Brokkoliröschen und die Pilzstreifen kurz mitdünsten, die Tintenfischringe untermischen und
100 ml Fischfond	angießen. Die Tomaten- und Chilistreifen untermischen und alles kurz aufkochen lassen.
1 TL Speisestärke	mit wenig kaltem Wasser anrühren und das Ragout damit binden. Mit
Salz, Pfeffer und 1 EL gehacktem Koriandergrün	abschmecken und zugedeckt warm halten.
170 g grüne Bandnudeln	im Salzwasser nach Packungsanweisung bissfest garen, abgießen und abtropfen lassen.
3 EL Butter	erhitzen und die Nudeln darin schwenken. Mit dem Tintenfischragout anrichten und
80 g Parmesan	darüber hobeln.

Mein Tipp:
Tintenfisch ist beim Garen sehr empfindlich. Wird er nur kurz gegart, ist er weich und schmackhaft. Gart man ihn zu lange, wird er fest und zäh. Servieren Sie das Tintenfischragout statt mit Nudeln auch einmal mit frisch gebackenem Pizzabrot.

Makkaroni mit Muscheln
und gebratenen Knoblauchgarnelen

Für 4 Personen   *Zubereitungszeit: ca. 40 Min.*

2 kg Muscheln (Venus-muscheln, Miesmuscheln oder eine Mischung aus beiden)   gründlich putzen und waschen. Für die Nudeln reichlich

Salzwasser   zum Kochen bringen. Inzwischen

1 Zwiebel und
3 Knoblauchzehen   schälen und in feine Würfel schneiden.

1/2 Bund Schnittlauch   waschen, trockenschütteln und in Röllchen schneiden.

1 rote Chilischote   längs halbieren und die Kernchen mit einem spitzen Messer entfernen, die Schote waschen und in feine Würfel schneiden.

170 g Makkaroni   im kochenden Salzwasser nach Packungsanweisung bissfest garen. Inzwischen die Zwiebel- und die Knoblauchwürfel sowie die Schnittlauch-röllchen in einem sehr großen Topf in

3 EL Olivenöl
250 ml trockenen Weißwein   andünsten. Die abgetropften Muscheln hinzufügen, die Chiliwürfel und dazugeben und alles einmal aufkochen lassen. Die Muscheln zugedeckt 5 bis 7 Minuten garen, bis sie sich geöffnet haben.

8 küchenfertige Riesengarnelen (bis auf das Schwanz-stück geschält)   waschen und sorgfältig trockentupfen. In einer Pfanne

3 EL Olivenöl
Salz und Pfeffer   erhitzen und die Garnelen darin anbraten. Anschließend mit würzen.

3 Knoblauchzehen   ungeschält halbieren, kurz mitbraten, wieder entfernen und alles mit

1 EL gehacktem
Koriandergrün   bestreuen. Die gegarten Muscheln mit

Salz und Pfeffer   würzen und

4 EL Butter   unterrühren. Die gegarten Nudeln abgießen, abtropfen lassen und in einer Pfanne mit

2 EL Olivenöl und
80 g geriebenem Parmesan   schwenken. Mit den Garnelen und den Muscheln mit Sud anrichten.

Mein Tipp:
So werden Muscheln geputzt: Zuerst bürstet man sie unter fließendem kaltem Wasser kräftig ab und schabt eventuell vorhandene Kalkablagerungen auf den Schalen mit einem kleinen Küchenmesser vorsichtig ab. Anschließend greift man mit Daumen und Zeigefinger bei jeder Muschel den Bart (die Haftfäden) und zieht ihn vorsichtig, aber kräftig aus der Muschel heraus.
Kochen Sie nur unbeschädigte und ungeöffnete Muscheln. Und sortieren Sie nach dem Kochen ungeöffnete Muscheln aus, denn sie könnten verdorben sein.

Hauptgerichte
mit Geflügel

Putengeschnetzeltes
mit Rösti

Für 4 Personen	*Zubereitungszeit: ca. 1 1/4 Std.*
300 g Champignons	mit einem Pinsel oder einem feuchten Tuch von Erdresten befreien, putzen und in Scheiben schneiden.
100 g Zwiebeln	schälen und in feine Würfel schneiden.
600 g Putenbrust	waschen, trockentupfen, in mundgerechte Streifen schneiden und in
4 EL Butterschmalz	portionsweise goldbraun braten. Herausnehmen und in einem Sieb abtropfen lassen.
1 EL Butter	in die heiße Pfanne geben und Pilze und Zwiebeln darin anbraten. Herausnehmen und beiseite stellen.
100 ml trockenen Weißwein, 200 ml Geflügelfond und	
200 g Sahne	in der Pfanne auf zwei Drittel einkochen lassen und mit
Salz und Pfeffer	würzen.
1–2 TL Speisestärke	mit wenig kaltem Wasser anrühren, die köchelnde Sauce damit leicht binden und warm halten.
	Für die Rösti
800 g fest kochende Kartoffeln	schälen und waschen, zuerst in 2 mm dicke Scheiben schneiden bzw. hobeln, dann in streichholzdicke Stäbchen schneiden.
1 EL Speisestärke	untermischen und alles mit
Salz, Pfeffer und Muskatnuss	würzen.
3 EL Öl	in einer beschichteten Pfanne erhitzen. Etwas von den Kartoffelstäbchen hineingeben und mit einem Pfannenwender zu einem Kreis flach drücken. Die Rösti auf der Unterseite bei mittlerer Hitze goldgelb braten, mit einem Pfannenwender oder einer Palette vorsichtig wenden und von der anderen Seite ebenfalls goldgelb braten. Danach mit
Salz und Pfeffer	würzen, auf Küchenkrepp legen und warm halten. Nach dem gleichen Prinzip weitere Rösti braten. Die Sahnesauce mit dem Pürierstab schaumig aufmixen. Fleisch, Pilze und Zwiebeln hineingeben und alles einmal kurz aufkochen. Zuletzt
3 EL geschlagene Sahne und 1 EL gehackte Petersilie	unterheben und das Geschnetzelte mit den Rösti servieren.

Mein Tipp:
Das Zuschneiden der Kartoffelstäbchen ist mein Geheimtipp für superknusprige Rösti. Denn beim Schneiden tritt weniger Stärke mit Wasser aus als beim üblichen Raspeln. Die Röstimasse ist so weniger feucht und wird beim Braten wundervoll kross.
Wenn's mal ganz schnell gehen soll, können Sie zum Putengeschnetzelten auch Basmatireis oder Salzkartoffeln servieren.
Auf dieselbe Weise können Sie auch Hähnchengeschnetzeltes zubereiten.

Piccata von der Pute
mit Makkaroni in weißem Tomatenrahm

Für 4 Personen	*Zubereitungszeit: ca. 1 1/4 Std.*
500 g vollreife Tomaten	waschen, vierteln und mit
150 ml Geflügelfond,	
2 EL Olivenöl, Salz und Pfeffer	fein pürieren. Mit
3 Thymianzweigen und	
3 EL trockenem Weißwein	in einem Topf kurz aufkochen. Ein Sieb mit einem sauberen Stofftuch auslegen und über einen Topf hängen. Das Tomatenpüree in das Sieb geben, den klaren Tomatensaft in den Topf abtropfen lassen und beiseite stellen.
400 g Putenbrust	waschen, trockentupfen, in 8 Scheiben schneiden und zwischen zwei Lagen Frischhaltefolie mit einem Plattiereisen ohne Noppen flach klopfen.
2 EL trockenen Weißwein	mit
Salz und Pfeffer	verrühren. Die Fleischscheiben in eine Form legen und mit dem Wein übergießen.
3 Eier und	
100 g geriebenen Parmesan	verquirlen.
2 EL geschlagene Sahne	
und das gehackte Grün von	
1 Fenchelknolle	unterheben.
2 Schalotten und	
1 Knoblauchzehe	schälen, in feine Würfel schneiden und in
2 EL Olivenöl	glasig dünsten. Den beiseite gestellten Tomatensaft angießen und etwas einkochen lassen.
150 g Sahne	angießen und die Sauce auf ein Drittel einkochen lassen.
50 g eiskalte Butter	in kleine Würfel schneiden und untermixen.
50 g in Öl eingelegte, getrocknete Tomaten	trockentupfen, in kleine Würfel schneiden und in die Sauce geben. Die Sauce zugedeckt warm halten.
100 g Makkaroni	in reichlich kochendem
Salzwasser	nach Packungsanweisung bissfest garen. Inzwischen die Putenbrustscheiben trockentupfen, zuerst in
50 g Mehl	wenden, dann durch die Eier-Parmesan-Mischung ziehen und in
ca. 150 g Butterschmalz	von jeder Seite 2 bis 3 Minuten braten. Auf Küchenkrepp abtropfen lassen. Den Tomatenrahm mit
2 EL geschlagener Sahne und	
1 EL gehacktem Basilikum	verfeinern und mit
Salz und Pfeffer	würzen. Die Nudeln in ein Sieb abgießen, abtropfen lassen und mit der Sauce mischen. Die Putenschnitzel mit den Nudeln anrichten und mit
Basilikumblättchen	garniert servieren.

Mein Tipp:

Nehmen Sie für die Zubereitung des Tomatenrahms ausschließlich vollreife Tomaten. Nur sie haben das volle Aroma und enthalten wenig Säure.
Statt der Makkaroni können Sie selbstverständlich auch andere Nudeln nehmen, z. B. Penne, Farfalle oder kleine Hörnchennudeln.

Mit Brezeln gefüllte Putenkeule
mit weißer Pfefferrahmsauce

Für 4 Personen	*Zubereitungszeit: ca. 1 Std. (plus ca. 1 1/2 Std. Garzeit)*
2 Laugenbrezeln	in kleine Würfel schneiden, mit
100 ml warmer Milch	übergießen und darin 20 Minuten einweichen.
Je 1 Schalotte und	
Knoblauchzehe	schälen, in feine Würfel schneiden und in
1 EL Butter	glasig dünsten.
60 g entsteinte Dörrpflaumen	in feine Würfel schneiden und mit
1 Ei, 1 EL gehackter Petersilie	und der Zwiebelmischung zu den eingeweichten Brezeln geben. Alles gut verkneten und mit
Salz und Pfeffer	würzen. Den Backofen auf 160 °C vorheizen.
2 Putenkeulen	waschen, trockentupfen und von Haut und Sehnen befreien. Die Keulen einmal längs bis zum Knochen einschneiden und den Knochen so heraus-lösen, dass das Fleisch noch zusammenhängt. Die dickeren Fleischteile etwas einschneiden und auseinander klappen, sodass eine flache Fleischlage entsteht. Zwischen zwei Lagen Frischhaltefolie flach klopfen und mit
Salz und Pfeffer	würzen. Die Füllung auf die flachen Keulen geben, das Fleisch zusammen-klappen, mit Küchengarn wie einen Rollbraten binden und mit
Salz und Pfeffer	würzen. Die Keulen in einem großen Bräter in
3 EL Butterschmalz	von allen Seiten anbraten.
1 EL Zucker	dazugeben und leicht karamellisieren lassen. Mit
3 EL Whisky	ablöschen und den
Saft von 2 Orangen	
und 250 ml Geflügelfond	angießen. Die Putenkeulen im Backofen auf der mittleren Schiene offen ca. 1 1/2 Stunden garen, dabei alle 15 Minuten mit dem Bratensaft übergießen. Die Keulen in Alufolie eingewickelt warm halten. Den Bratenfond durch ein feines Sieb gießen, das Fett abschöpfen, den Fond etwas einkochen lassen und 150 ml davon für die Sauce abmessen.
20 g weiße Pfefferkörner	im Mörser zerstoßen.
50 g Schalotten	schälen, in feine Würfel schneiden und mit den Pfefferkörnern in
2 EL Butter	glasig dünsten. Den abgemessenen Bratenfond und
150 g Sahne	angießen, die Sauce auf die Hälfte einkochen lassen und durch ein feines Sieb gießen. Die Putenkeulen aus der Alufolie wickeln und das Garn ent-fernen. Das Fleisch in Scheiben schneiden, mit der Sauce anrichten und mit
grob gehackter Petersilie	garniert servieren.

Mein Tipp:

Dazu passt ein Wirsinggemüse: Dafür 1 Wirsing halbieren, den Strunk heraus-schneiden und die äußeren Blätter entfernen. Die restlichen Blätter ablösen, in Salzwasser kurz blanchieren, abschrecken und gut ausdrücken. Die Blatt-rippen entfernen, die Blätter in mundgerechte Stücke schneiden. 1 gewürfelte Schalotte mit 40 g gewürfeltem durchwachsenem Speck in 1 EL Butterschmalz andünsten. 50 ml Weißwein und 80 g Sahne angießen, mit Salz und Pfeffer würzen und etwas einkochen lassen. Die Wirsingstücke dazugeben und bei milder Hitze zugedeckt 4 bis 5 Minuten garen. Mit Muskatnuss abschmecken.

Entenbrust in Sesam-Honig-Kruste
mit Orangengraupen

Für 4 Personen	*Zubereitungszeit: ca. 50 Min.*
	Den Backofen auf 120 °C vorheizen.
2 Knoblauchzehen	ungeschält halbieren. Die Haut von
4 Entenbrustfilets (à 300 g)	waschen, trockentupfen und auf der Hautseite rautenförmig einschneiden. Die Filets mit den Hautseiten nach unten in
2 EL Butterschmalz	kräftig anbraten und mit
Salz und Pfeffer	würzen. Den Knoblauch sowie
2 Thymianzweige und	
1 Rosmarinzweig	dazugeben, die Entenbrüste wenden und von der anderen Seite ebenfalls kurz anbraten.
3 EL Butter	dazugeben und die Brüste damit glasieren. Die Filets mit den Kräutern auf ein mit Alufolie ausgelegtes Blech legen und im Backofen auf der mittleren Schiene ca. 20 Minuten garen. Inzwischen
100 g Graupen	in einem Sieb kalt abbrausen und in
500 ml Orangensaft	bei milder Hitze ca. 30 Minuten bissfest garen. Dabei zwischendurch immer wieder umrühren.
50 ml Geflügelfond, 80 g Honig, 75 g Butter, 2 EL Sojasauce und 100 g weiße Sesamsamen	in einem Topf unter Rühren so lange einköcheln lassen, bis eine dickflüssige Masse entstanden ist. Mit
Salz und Chilipulver	würzen und auskühlen lassen. Den Backofengrill einschalten. Die fertigen Entenbrüste auf den Hautseiten mit der Sesammasse bestreichen und unter dem Backofengrill so lange überbacken, bis die Kruste eine schöne goldbraune Farbe hat. Inzwischen
2 unbehandelte Orangen	heiß abwaschen, gut abtrocknen und die Schale mit einem Zestenreißer in feinen Streifen abziehen. Unter die Graupen mischen, alles mit
Salz und Chilipulver	abschmecken und
50 g Butter	vorsichtig unterheben. Die Entenbrüste in Scheiben schneiden und mit den Graupen anrichten.

Mein Tipp:

Sollten Sie keinen Zestenreißer haben, schneiden Sie die Schale von den Orangen mit einem Sparschäler hauchdünn ab (es darf keine weiße Haut dabei sein) und schneiden Sie sie anschließend in sehr feine Streifen. Graupen (geschälte, polierte Gerstenkörner) kennt man oft nur noch aus Großmutters Küche. Doch mittlerweile erleben sie ein kulinarisches Comeback. Sie sind einfach zu garen und lassen sich – ähnlich wie Reis – äußerst vielfältig mit anderen Zutaten kombinieren.

Geflügelsaté
mit süßem Gurkensalat

Für 4 Personen	*Zubereitungszeit: ca. 45 Min.*
400 g Hähnchenbrustfilet	waschen, trockentupfen und durch die mittlere Scheibe des Fleischwolfs drehen oder sehr fein hacken.
3 Schalotten, 1 Knoblauchzehe und 40 g Ingwerwurzel	schälen, in feine Würfel schneiden, in
2 EL Butter	glasig dünsten und zum Hackfleisch geben.
1 Eigelb und 1 EL gehacktes Koriandergrün	untermischen und alles mit
Chilipulver und Salz	abschmecken. Die sehr weiche Hackmasse in 8 Portionen teilen, jeweils wie Fleischröllchen vorsichtig um die dünneren Enden von
8 Stangen Zitronengras	formen und in
60 g gemischten Sesamsamen	wenden.
	Für den Salat
1 grüne Chilischote	längs halbieren und die Kernchen mit einem spitzen Messer entfernen, die Schote waschen und in feine Würfel schneiden.
3 Schalotten und 1 Knoblauchzehe	schälen, in feine Würfel schneiden und mit den Chiliwürfeln in
2 EL Olivenöl	glasig dünsten.
300 ml ungesüßte Kokosmilch und 2 EL Honig	dazugeben und alles auf die Hälfte einkochen lassen.
2 Salatgurken (à 400 g)	schälen, längs halbieren und die Kerne mit einem Teelöffel entfernen. Die Gurken in 2 cm große Würfel schneiden, mit der Kokossauce übergießen, alles mischen und mit
2 EL Sweet-Chili-Sauce, Salz, Chilipulver und gehacktem Koriandergrün	abschmecken. Die Satéspießchen in
3 EL Sesamöl	goldbraun braten. Mit dem Gurkensalat servieren und mit
Koriandergrün	garnieren.

Mein Tipp:

Wenn Sie Ihre Hände leicht anfeuchten oder Latex-Einweghandschuhe anziehen, klebt die Hackmasse nicht so und lässt sich besser um die Zitronengrasstangen formen. Sie hält außerdem besser am Zitronengras, wenn Sie die Stangen ganz zu Beginn mit einem Messerrücken leicht anklopfen, um die Oberfläche etwas aufzurauen. Außerdem kann dadurch das feine Zitrusaroma besser austreten.

Sollten Sie kein Zitronengras bekommen, formen Sie die Hackmasse ganz vorsichtig zu Röllchen, braten Sie diese und stecken Sie sie erst danach auf lange Holzspießchen. Oder Sie formen kleine Frikadellen aus dem Hackteig. Um Ihren Satés dennoch etwas Zitrusaroma zu verleihen, mischen Sie zuvor noch ca. ¹/₂ TL fein abgeriebene, unbehandelte Limettenschale unter die Hackmasse.

Rotweinhuhn
mit Tomaten-Pilz-Sauce

Für 4 Personen	*Zubereitungszeit: ca. 1 1/2 Std.*
1 küchenfertiges Hähnchen (ca. 1,2 kg)	waschen, trockentupfen und in 8 Stücke zerteilen. Dafür die Keulen abtrennen und im Gelenk durchschneiden. Die Bruststücke mitsamt den Flügeln abtrennen und quer halbieren. Die Hähnchenteile gut mit
Salz und Pfeffer	einreiben.
100 g Dörrfleisch	in grobe Würfel schneiden.
2 Knoblauchzehen	schälen und in feine Würfel schneiden.
10 mittelgroße Champignons	mit einem Pinsel oder einem feuchten Tuch von Erdresten befreien und putzen.
10 frische Perlzwiebeln	schälen.
4 EL Butterschmalz	in einer Kasserolle oder hohen Pfanne erhitzen und die Hähnchenteile darin bei starker Hitze von allen Seiten anbraten, bis sie gut gebräunt sind. Das Dörrfleisch dazugeben und ebenfalls gut anbraten. Knoblauch, Champignons und Perlzwiebeln hinzufügen und alles kurz mitbraten.
50 ml Cognac	angießen und zum Flambieren mit einem langen Streichholz anzünden. Den Alkohol vollständig ausbrennen lassen.
250 ml trockenen Rotwein und 100 ml Geflügelfond	angießen und alles zugedeckt 25 bis 30 Minuten köcheln lassen. Inzwischen für die Sauce
2 Tomaten	über Kreuz einritzen, kurz überbrühen, abschrecken und enthäuten. Anschließend vierteln, entkernen und in grobe Würfel schneiden. Nach der Garzeit die Hähnchenteile herausnehmen und zugedeckt warm halten. Die Tomatenwürfel in die Sauce geben.
1 EL Speisestärke	mit etwas kaltem Wasser anrühren. Die Rotweinsauce damit unter Rühren binden und mit
2 EL Portwein, 1 EL gehacktem Majoran und 1 EL Schnittlauchröllchen	verfeinern. Zuletzt die Hähnchenteile wieder in die Sauce geben.

Mein Tipp:

Zum Rotweinhuhn passen als Beilage Kräuterknöpfle besonders gut. Verrühren Sie dafür 400 g Mehl, 7 Eigelb und 120 ml kaltes Wasser mit etwas Salz, Pfeffer und Muskatnuss und schlagen Sie den Teig so lange, bis sich kleine Bläschen bilden. Dann 1/2 TL Rosmarin, 1 EL Petersilie, 1 TL Thymian (alles fein gehackt) sowie 1 EL Schnittlauchröllchen unterrühren. Reichlich Salzwasser zum Kochen bringen und den Teig mit einer Knöpflepresse hineindrücken. Die Knöpfle einmal aufkochen lassen, dann mit einem Sieblöffel herausnehmen, kurz abschrecken und auf Küchenkrepp gut abtropfen lassen. Kurz vor dem Servieren die Knöpfle in 50 g Butter leicht anbraten, mit Salz, Pfeffer und Muskat würzen und 1 EL gehackte Petersilie untermischen.

Hähnchenbrust
mit Pfeffersauce und Wirsinggemüse

Für 4 Personen	*Zubereitungszeit: ca. 1 Std.*
	Für die Sauce
20 g weiße Pfefferkörner	in einem Mörser zerstoßen, in ein feines Sieb geben, dieses in kochendes Wasser hängen und den Pfeffer ca. 10 Minuten blanchieren.
50 g Schalotten	schälen, in feine Würfel schneiden und mit den abgetropften Pfefferkörnern in
2 EL Butter	glasig dünsten. Mit
150 ml Geflügelfond und	
150 g Sahne	ablöschen und auf die Hälfte einkochen lassen. Durch ein feines Sieb gießen und warm halten. Den Backofen auf 160 °C vorheizen.
1 Wirsing (500 g)	vierteln und den Strunk keilförmig herausschneiden. Die äußeren Wirsingblätter entfernen. Die restlichen Blätter ablösen und in Salzwasser ca. 1 Minute bissfest blanchieren. Abschrecken, trockentupfen und die dicken Blattrippen herausschneiden. Die Blätter in mundgerechte Stücke schneiden und beiseite legen.
4 Hähnchenbrustfilets	
(à ca. 150 g)	waschen, trockentupfen, mit
Salz und Pfeffer	würzen und in
2 EL Olivenöl	von beiden Seiten kurz anbraten, bis sie Farbe angenommen haben. Die Pfanne in den Backofen stellen und die Hähnchenbrustfilets ca. 15 Minuten gar ziehen lassen.
	Inzwischen
50 g gekochten Schinken	in Würfel schneiden.
1 Schalotte	schälen, in feine Würfel schneiden und mit dem Schinken in
1 EL Butterschmalz	glasig dünsten. Mit
50 ml trockenem Weißwein	
und 80 g Sahne	ablöschen, mit
Salz und Pfeffer	würzen und etwas einkochen lassen. Den Wirsing untermischen und alles dünsten, bis eine cremige Masse entsteht. Mit
Muskatnuss	abschmecken und warm halten.
3 EL geschlagene Sahne	unter die Pfeffersauce heben. Den Wirsing auf Teller geben. Die Hähnchenbrustfilets in Scheiben schneiden, darauf anrichten, mit der Pfeffersauce beträufeln und mit
Kerbelblättchen	garnieren.

Mein Tipp:
Ich brate Hähnchenbrust immer erst kurz in der Pfanne an und gare sie anschließend im Backofen fertig. So wird das Fleisch außen schön braun und bleibt innen supersaftig. Dafür sorgt die Ofenwärme, die das Fleisch von allen Seiten »umschmeichelt«, sodass es langsam und gleichmäßig gart.
Durch das Blanchieren verlieren die Pfefferkörner an Schärfe, behalten aber ihr Aroma.

Putenröllchen
mit Zitronenthymianschaum

Für 4 Personen	*Zubereitungszeit: ca. 1 1/4 Std.*
	(plus ca. 1 Std. zum Durchziehen von Fond und Pesto)
250 ml kräftigen Geflügelfond und 1/2 Bund Zitronenthymian	einmal aufkochen. Vom Herd nehmen und ca. 1 Stunde durchziehen lassen. Inzwischen
1 EL Pinienkerne	in einer Pfanne ohne Fettzugabe goldgelb rösten und abkühlen lassen.
70 g Parmesan	fein reiben.
2 Knoblauchzehen	schälen.
100 g Rucola	putzen, waschen und trockenschleudern. Mit dem Knoblauch, den Pinienkernen und
200 ml Olivenöl	pürieren. Den Parmesan unterrühren, das Pesto mit
Salz	würzig abschmecken und zugedeckt ca. 1 Stunde kühl stellen. Dann
2 Schalotten	schälen, in feine Würfel schneiden und in
2 EL Butter	glasig dünsten. Den Geflügelfond durch ein Sieb dazugießen,
100 ml trockenen Weißwein	hinzufügen und alles auf die Hälfte einkochen lassen.
125 g Sahne	dazugeben und die Sauce unter Rühren auf ein Drittel einkochen lassen. Vom Herd nehmen, mit
Salz und Pfeffer	würzen und beiseite stellen.
	Für die Putenröllchen
100 g Mozzarella	abtropfen lassen und in 8 Scheiben schneiden.
8 Putenschnitzel (à 80 g)	waschen, trockentupfen und zwischen zwei Lagen Frischhaltefolie sehr dünn klopfen. Die Schnitzel mit dem Pesto bestreichen und mit dem Mozzarella belegen. Die Längsseiten nach innen einschlagen, die Schnitzel wie Rouladen fest zusammenrollen und mit Holzspießchen feststecken. Mit
Pfeffer	kräftig würzen und in einer Pfanne in
3 EL Butterschmalz	goldbraun anbraten.
2 Thymianzweige, 1 Rosmarinzweig und 2 ungeschälte, halbierte Schalotten	mit in die Pfanne geben und alles ca. 6 Minuten weiterbraten. Die Röllchen erst dann mit
Salz	würzen.
2 EL Butter	in die Pfanne geben, die Putenröllchen damit glasieren und zugedeckt warm halten. Die Sauce erwärmen,
30 g eiskalte Butter	in kleinen Würfeln darunter rühren und die Sauce mit dem Pürierstab schaumig aufmixen. Zuletzt
2 EL geschlagene Sahne und 1 EL Zitronenthymian- blättchen	unterheben. Die Putenröllchen mit dem Zitronenthymianschaum anrichten.

Mein Tipp:
Servieren Sie zu den Putenröllchen 250 g frische grüne Bandnudeln, die Sie nach dem Abtropfen noch kurz in 2 EL Butter schwenken und leicht salzen. Den Zitronenthymian kann man gut durch Estragon ersetzen. Und ganz Eilige können natürlich auch einmal fertiges Rucolapesto aus dem Glas verwenden.

Geflügelstreifen in Tempura
mit süßsaurem Kürbis-Melonen-Salat

Für 4 Personen	*Zubereitungszeit: ca. 1 Std.*
	(plus ca. 1 Std. Marinierzeit für Salat und Fleisch)
500 g Kürbis	schälen, entkernen und grob raspeln. Mit
Salz, Pfeffer und 2 EL Zucker	würzen und
1 Sternanis, 1 Zimtstange und	
2 Gewürznelken	dazugeben. Die Raspel mit
50 ml Balsamico bianco	übergießen und zugedeckt ca. 1 Stunde kühl stellen. Inzwischen
2 Hähnchenbrustfilets	
(à ca. 150 g)	waschen, trockentupfen und in ca. 3 cm dicke und 8 cm lange Streifen schneiden.
1 rote Chilischote	längs halbieren und die Kernchen mit einem spitzen Messer entfernen, die Schote waschen und in feine Streifen schneiden.
10 g Ingwerwurzel	schälen und in feine Würfel schneiden.
2 EL Sojasauce, 1 EL Austern-	
sauce, 2 EL Sojaöl und	
etwas gemahlenen Koriander	mit den Chili- und Ingwerwürfeln verrühren. Die Hähnchenstreifen darin wenden und ca. 1 Stunde im Kühlschrank durchziehen lassen. Nach den Ruhezeiten Sternanis, Zimt und Nelken aus dem Kürbissalat entfernen. Die Raspel gut ausdrücken, dabei den Saft auffangen.
100 g Schalotten und	
1 Knoblauchzehe	schälen, in feine Würfel schneiden und in
4 EL Butter	glasig dünsten. Den Kürbis kurz mitdünsten.
2 EL Honig und	
etwas Chilipulver	unterrühren, den Kürbissaft angießen und alles zugedeckt ca. 5 Minuten weich dünsten.
400 g Honigmelone	
(z. B. Charentais)	vierteln und die Kerne mit einem Esslöffel entfernen. Die Melonenviertel schälen und das Fruchtfleisch in 1 cm große Würfel schneiden. Unter den Kürbis mischen und den Salat abkühlen lassen. Für den Tempurateig
2 Eigelb, je 125 g Mehl und	
Speisestärke	sowie 400 ml Eiswasser mit dem Pürierstab aufmixen und mit
Salz und	
gemahlenem Koriander	würzen. Die Hähnchenstreifen abtupfen.
200 g Butterschmalz	
zum Frittieren	auf 180 °C erhitzen. Die Geflügelstreifen in
80 g Mehl	wenden, durch den Tempurateig ziehen und im Butterschmalz goldgelb ausbacken. Auf Küchenkrepp kurz abtropfen lassen, dann mit dem Salat anrichten und mit
einigen Friséesalatblättern und	
Koriandergrün	garnieren.

Mein Tipp:
Das Eiswasser im Tempurateig sorgt dafür, dass der Teig beim Ausbacken wunderbar kross wird.

Pfannengerührtes Huhn
mit Ananassauce

Für 4 Personen	*Zubereitungszeit: ca. 45 Min.*
300 g Ananas	schälen, vierteln und den harten Strunk herausschneiden. Das Fruchtfleisch in kleine Würfel schneiden und mit dem
Saft von ¹/₂ Zitrone, **2 TL Honig, 1 Msp. Chilipulver,** **1 Prise gemahlenem** **Kardamom,** **2 EL Sweet-Chili-Sauce und** **250 ml trockenem Weißwein**	in einem Topf aufkochen. Dann bei milder Hitze zugedeckt ca. 15 Minuten köcheln lassen. Inzwischen
4 Hähnchenbrustfilets **(à ca. 150 g)** **Salz, Pfeffer und** **2–3 EL heller Sojasauce**	waschen, trockentupfen, in Streifen schneiden und in einer Schüssel mit mischen.
1 kleine Zwiebel und **2–3 Knoblauchzehen**	schälen und in feine Würfel schneiden.
1 walnussgroßes Stück **Ingwerwurzel**	schälen und in feine Streifen schneiden.
150 g Lauch	putzen, waschen und ebenfalls in feine Streifen schneiden.
150 ml Geflügelfond	aufkochen lassen.
1 TL Speisestärke	mit etwas Wasser anrühren, den Fond damit leicht binden und beiseite stellen.
3 EL Öl	im Wok oder in einer großen Pfanne erhitzen und die Zwiebel- und Knoblauchwürfel darin glasig dünsten. Die Hähnchenbruststreifen dazugeben und ca. 3 Minuten mitbraten. Den Ingwer und den Lauch hinzufügen und ca. 1 Minute mitbraten. Die Hitze reduzieren, den Geflügelfond angießen,
2 EL gehackte **Walnusskernhälften** **Salz und Pfeffer**	untermischen und alles mit würzen. Die Hähnchenbruststreifen mit der Ananassauce servieren.

Mein Tipp:
Als Beilage empfehle ich hier schlichten Reis, so wie es die Asiaten auch lieben. Durch das Marinieren in Sojasauce bekommen die Hähnchenbruststreifen ein wunderbar feinwürziges Aroma.
Nehmen Sie für die Ananassauce immer eine vollreife Frucht, denn nur dann schmeckt sie wirklich gut. Ananas sind reif, wenn sie auf Daumendruck leicht nachgeben und einen süßlichen Duft verströmen.

Plattes Huhn
mit Prinzessbohnen

Für 4 Personen	*Zubereitungszeit: ca. 1 1/2 Std.*
	Den Backofen auf 200 °C vorheizen. Den Rückenknochen von
1 küchenfertigen Hähnchen (ca. 1 kg)	mit einer Geflügelschere durchtrennen. Das Hähnchen waschen und trockentupfen.
1 Rosmarinzweig	waschen, trockenschütteln und die Nadeln abzupfen. In die Brust und die Keulen kleine Schlitze schneiden und die Nadeln hineinstecken. Das Hähnchen kräftig platt drücken und mit
Salz, Pfeffer und edelsüßem Paprikapulver	würzen.
3 Schalotten	ungeschält halbieren.
1 Knoblauchknolle	ungeschält vierteln.
200 g Staudensellerie	putzen, waschen, die harten Fäden abziehen und den Sellerie in grobe Stücke schneiden. Mit den Schalotten und dem Knoblauch auf ein Backblech geben. Das Hähnchen darauf legen, mit Alufolie bedecken, mit einer umgedrehten feuerfesten Pfanne beschweren und im Backofen auf der zweiten Schiene von unten ca. 30 Minuten braten.
50 ml Olivenöl und den Saft von 1 Zitrone	verrühren. Das Hähnchen herausnehmen, Pfanne und Alufolie entfernen und die Haut mit der Ölmischung bestreichen. Anschließend das Hähnchen (ohne Pfanne und Alufolie) nochmals ca. 30 Minuten braten. Inzwischen
300 g Prinzessbohnen	putzen, waschen und in reichlich kochendem
Salzwasser	6 bis 8 Minuten bissfest blanchieren. Kurz abschrecken und gut abtropfen lassen.
60 g durchwachsenen Speck	in kleine Würfel schneiden.
1 Schalotte	schälen, in feine Würfel schneiden und mit dem Speck in
2 EL Butter	andünsten. Die Bohnen dazugeben, mit
Salz und Pfeffer	würzen und
1 TL gehacktes Bohnenkraut	untermischen. Zugedeckt warm halten. Das Hähnchen vom Blech nehmen und im ausgeschalteten Backofen warm halten. Den Bratensatz mit
120 ml trockenem Weißwein	loskochen, durch ein Sieb gießen, kurz aufkochen und vom Herd nehmen.
40 g eiskalte Butter	in kleine Würfel schneiden und unterrühren. Die Sauce mit
Salz und Pfeffer	abschmecken und schaumig aufmixen. Das Hähnchen zerteilen und mit Bohnen und Sauce anrichten.

Mein Tipp:

Hierzu passen Rosmarinkartoffeln, die auch im Backofen zubereitet werden: 500 g neue Kartoffeln waschen, halbieren oder vierteln. Mit 2 gewürfelten Schalotten, 50 g feinen Speckstreifen, 150 g Staudensellerie, 2 Knoblauchzehen (beides in Scheiben) und 2 Rosmarinzweigen in einer feuerfesten Pfanne mischen, salzen und pfeffern. Die Pfanne nach 15 Minuten Garzeit für das Huhn auf die obere Schiene stellen und die Kartoffeln ca. 45 Minuten garen. Vorsicht: In diesem Fall den Backofen auf 180 °C Umluft einstellen.

Hauptgerichte mit Fleisch

Schweinekrustenbraten
mit Krautsalat

Für 4 Personen	*Zubereitungszeit: ca. 1 1/2 Std.*
	Den Backofen auf 180 °C vorheizen.
1 kg Schweineschulter	
(mit Schwarte)	mit
Salz	einreiben und mit der Schwartenseite nach unten in eine Fettpfanne (tiefes Backblech) legen.
500 ml Fleischbrühe	angießen und den Braten im Backofen auf der zweiten Schiene von unten ca. 30 Minuten garen, dabei alle 10 Minuten mit dem heißen Bratensaft übergießen. Sollte die Brühe zu sehr verkochen, geben Sie nochmals ca. 200 ml in die Fettpfanne.
	Inzwischen für den Salat
1 kleinen Weißkohl (ca. 600 g)	vierteln, den Strunk herausschneiden und den Kohl quer in sehr feine Streifen hobeln.
1 Zwiebel	schälen und in feine Würfel schneiden.
100 g Dörrfleisch	in kleine Würfel schneiden. Mit der Zwiebel in
3 EL Öl	anbraten.
1/2 TL gemahlenen Kümmel	dazugeben und alles mit
6 EL Weißweinessig	ablöschen.
160 ml Gemüsebrühe	
und 4 EL Öl	unterrühren und die Marinade mit
Salz und Pfeffer	abschmecken. Das Kraut in der Marinade bei milder Hitze zugedeckt 3 bis 4 Minuten dünsten. Alles leicht abkühlen lassen, kräftig durchrühren und mit
Salz, Pfeffer und	
1 EL gehackter Petersilie	würzen. Das Fleisch vom Blech nehmen, die Schwarte gitterartig einritzen und mit
1 TL Gewürznelken	spicken. Die Backofentemperatur auf 220 °C erhöhen und den Braten mit der Schwarte nach oben nochmals ca. 40 Minuten weiterbraten, dabei wiederum alle 10 Minuten mit dem Bratensaft übergießen. Inzwischen
1 Bund Suppengemüse	putzen, waschen bzw. schälen und klein schneiden.
1 Zwiebel	schälen und in feine Würfel schneiden.
1 ungeschälte Knoblauchzehe	leicht andrücken. Das vorbereitete Gemüse mit
1 TL schwarzen Pfefferkörnern	
und 4 Lorbeerblättern	ca. 25 Minuten vor Ende der Garzeit auf das Blech geben. Den fertigen Braten in Alufolie wickeln und warm stellen. Den Bratenfond durch ein Sieb gießen und entfetten. Dann aufkochen lassen, mit
1 TL angerührter Speisestärke	binden und mit
Salz und Pfeffer	abschmecken. Den Krustenbraten in Scheiben schneiden und mit dem Krautsalat anrichten.

Mein Tipp:

Die Garzeit für den Krustenbraten kann nur ein Anhaltspunkt sein. Um zu prüfen, ob das Fleisch weich ist, stechen Sie nach Ende der im Rezept angegebenen Zeit in den Braten. Spüren Sie noch einen leichten Widerstand, garen Sie das Fleisch weitere 15 Minuten im Backofen.

Schweinefilet
mit Balsamicosauce und Polenta

Für 4 Personen

Zubereitungszeit: ca. 50 Min.
Für die Sauce

250 ml roten Portwein
auf ein Drittel einkochen lassen.

60 ml milden, lang gereiften Aceto balsamico
unterrühren.

3 Schalotten und ½ Knoblauchzehe
schälen, in feine Würfel schneiden und in

50 g Butter
glasig dünsten.

200 ml Kalbsfond, 150 g Sahne und 100 ml trockenen Weißwein
angießen und alles auf ein Drittel einkochen lassen. Beiseite stellen. Den Backofen auf 170 °C vorheizen.

650 g Schweinefilet (Mittelstück)
von Haut und Sehnen befreien und in

3 EL Butterschmalz
von allen Seiten anbraten.

Je 2 Rosmarin- und Thymianzweige
kurz mitbraten. Das Filet mit

Salz und Pfeffer
würzen, mit dem Bratfett und den Kräuterzweigen auf ein mit Alufolie ausgelegtes Backblech legen und im Backofen auf der zweiten Schiene von unten ca. 15 Minuten garen. Inzwischen für die Polenta

400 ml Geflügelfond, 1 Thymianzweig, 1 Rosmarinzweig, 1 Lorbeerblatt und 1 angedrückte, ungeschälte Knoblauchzehe
ca. 5 Minuten köcheln lassen. Die Kräuter und den Knoblauch wieder herausnehmen.

80 g Polentagrieß
in die kochende Brühe geben und unter häufigem Rühren ca. 10 Minuten quellen lassen.

60 g geriebenen Parmesan und 30 g Butter
unterrühren,

2–3 EL geschlagene Sahne
unterheben und die Polenta zugedeckt warm halten. Das Filet mit Alufolie gut zudecken und ca. 5 Minuten im ausgeschalteten Backofen ruhen lassen.

50 g kalte Butter
in kleine Würfel schneiden, mit der Portweinmischung in die Sahnesauce geben und alles mit

Salz und Pfeffer
abschmecken. Das Schweinefilet in Scheiben schneiden und mit der Polenta und der Balsamicosauce auf Tellern anrichten.

Mein Tipp:

Bei der Sauce kann man sagen: Von nichts kommt nichts. Daher sollten Sie nur einen Aceto balsamico nehmen, der besonders ausgewogen im Aroma ist (wichtig ist das optimale Verhältnis von Süße zu Säure). Bei Aceto balsamico verhält es sich aber ähnlich wie beim Wein: Nicht der Preis allein spiegelt die Qualität wider. Daher empfiehlt es sich, mehrere Essigsorten zu probieren, um die optimale zu finden.

Schweinerollbraten
mit Kümmelsauce

Für 4–6 Personen	*Zubereitungszeit: ca. 50 Min. (plus ca. 50 Min. Garzeit)*
500 g Schweinebauch (am Stück)	von grobem Fett befreien, zwischen zwei Lagen Frischhaltefolie etwas flach klopfen und auf einer Seite mit
Salz und Pfeffer	würzen.
4 Schalotten	schälen, in feine Würfel schneiden und in
1 EL Butter	glasig dünsten. Vom Herd nehmen und mit
3 EL Dijon-Senf, 1 EL gehackter Petersilie und je 1 TL gehacktem Thymian und Rosmarin	gut mischen. Den Schweinebauch auf der gewürzten Seite damit bestreichen.
300 g Schweinefilet (Mittelstück)	von Haut und Sehnen befreien, mit
Salz und Pfeffer	würzen und in einer Pfanne in
1 EL Butterschmalz	von allen Seiten scharf anbraten. Herausnehmen, gut trockentupfen und auf die bestrichene Seite des Schweinebauchs legen. Diesen fest zusammenrollen und so mit Küchengarn umwickeln, dass die Seiten gut verschlossen sind. Den Braten mit
Salz und Pfeffer	würzen. Den Backofen auf 160 °C vorheizen.
2 Möhren und ¼ Sellerieknolle	putzen, schälen und in kleine Würfel schneiden.
½ Lauchstange	putzen, waschen und klein schneiden.
1 rote Zwiebel	schälen und in feine Würfel schneiden.
50 g Butterschmalz	in einem großen Bräter erhitzen und das Fleisch darin von allen Seiten gut anbraten. Das Gemüse kurz mitbraten, dann den Braten im Backofen auf der zweiten Schiene von unten zugedeckt ca. 50 Minuten garen. Das Fleisch aus dem Bräter nehmen und in Alufolie gewickelt warm halten. Das Röstgemüse im Bräter noch einmal heiß werden lassen,
1 EL Tomatenmark	unterrühren und kurz anrösten.
250 ml Rotwein und 400 ml Rinderfond	angießen, die Sauce auf ein Drittel einkochen lassen. Durch ein Sieb gießen.
2 Schalotten	schälen, in feine Streifen schneiden und in
3 EL Butter	glasig dünsten.
10–15 g gemahlenen Kümmel und 1 EL Zucker	dazugeben und den Zucker leicht karamellisieren lassen. Nach und nach die Bratensauce angießen und etwas einkochen lassen. Eventuell mit
etwas angerührter Speisestärke	binden und mit
Salz und Pfeffer	würzen. Den Braten mit der Kümmelsauce anrichten.

Mein Tipp:

Dazu schmeckt ein Bohnengemüse: Dafür 250 g grüne Bohnen putzen, waschen und in Stücke schneiden. In Salzwasser blanchieren, abschrecken und abtropfen lassen. 4 Tomaten enthäuten, entkernen und klein würfeln. Je 50 g Speck- und Schalottenwürfel und 1 EL Knoblauchwürfel in 50 g Butter glasig dünsten. Bohnen kurz mitdünsten, salzen und pfeffern. 100 g Sahne dazugeben, etwas einkochen lassen, Tomaten und 1 EL geschlagene Sahne unterheben.

Kasseler Braten
mit Pflaumensauce und Stampfkartoffeln

Für 4 Personen

Zubereitungszeit: ca. 40 Min. (plus ca. 1 Std. Garzeit)
Den Backofen auf 180 °C vorheizen.

150 g Schalotten und
2 Knoblauchzehen — schälen.

1 kg mild gepökelten Kasseler
Braten (ohne Knochen)
Pfeffer — rundum mit
würzen und in einem Bräter in

3 EL Butterschmalz — von allen Seiten anbraten. Die Schalotten, den Knoblauch und
5 EL Honig — dazugeben, alles gut mischen und den Honig karamellisieren lassen. Mit
60 ml Balsamico bianco — ablöschen,
200 ml Rinderfond — angießen und
2 Rosmarinzweige,
4 Thymianzweige, etwas
gemahlenen Wacholder und
etwas gemahlenen Kümmel — dazugeben. Das Kasseler im Backofen auf der mittleren Schiene offen ca. 45 Minuten garen, dabei alle 10 Minuten mit dem Bratenfond übergießen. Dann

200 g entsteinte Dörrpflaumen — dazugeben und alles nochmals ca. 15 Minuten garen. Inzwischen

500 g mehlig kochende
Kartoffeln — als Pellkartoffeln garen, abgießen, kurz abdampfen lassen und pellen.
100 ml Milch und 50 g Sahne — aufkochen und mit
Salz, Pfeffer und Muskatnuss — würzen. Die Kartoffeln mit dem Kartoffelstampfer zerdrücken, die Milch-Sahne-Mischung unterrühren und

je 1 TL Schnittlauchröllchen
und gehackte Petersilie — untermischen.
60 g zimmerwarme Butter — in Würfel schneiden und ebenfalls untermischen. Die Stampfkartoffeln zugedeckt warm halten. Das Fleisch aus der Sauce nehmen und in Scheiben schneiden.

1 TL Thymianblättchen — in die Sauce geben. Sollte diese zu dünnflüssig sein,
1–2 TL Speisestärke — mit etwas kaltem Wasser anrühren und die Sauce damit binden. Den Kasseler Braten mit den Stampfkartoffeln und der Pflaumensauce anrichten.

Mein Tipp:
Das Kasseler für dieses Rezept sollte wirklich nur mild gepökelt sein, damit es den Geschmack der fruchtigen Sauce nicht überdeckt.
Die Dörrpflaumen können Sie auch durch Dörraprikosen oder gemischtes Backobst ersetzen.

Zwiebelrostbraten *mit Asia-Gemüse*

Für 4 Personen   *Zubereitungszeit: ca. 30 Min.*

**4 Scheiben durchwachsene
Hochrippe (vom Rind, à 180 g)**   auf ca. 1 ½ cm Dicke flach klopfen und die Fettränder einschneiden.
                                   Die Scheiben mit

Salz und Pfeffer   würzen und in
2 EL Butterschmalz   von jeder Seite ca. 1 Minute anbraten.
3 EL Butter   dazugeben und das Fleisch nochmals von jeder Seite ca. 1 Minute braten.
                                   Herausnehmen und zugedeckt warm halten.

150 g Zwiebeln   schälen und in Streifen schneiden.
**Je 50 g Frühlingszwiebeln und
rote Paprikaschote**   putzen, waschen und ebenfalls in Streifen schneiden.
**Je 50 g Mini-Maiskolben und
Sojabohnensprossen**   mit dem Gemüse im Bratensatz vom Fleisch leicht anrösten.
200 ml dunklen Bratenfond   angießen und alles köcheln lassen, bis das Gemüse bissfest gegart ist.
1 TL Currypulver   mit 500 ml Wasser aufkochen.
80 g Singapurnudeln   darin nach Packungsanweisung garen, gut abtropfen lassen und unter
                                   das Gemüse mischen. Alles mit

**3 EL Sojasauce, 2 EL Sweet-
Chili-Sauce, Salz und Pfeffer**   abschmecken.
40 g kalte Butter   in kleine Würfel schneiden und unter das Gemüse rühren.
**Je 1 EL gehacktes Koriander-
grün und gehackte Petersilie**   untermischen und das Gemüse mit den Fleischscheiben anrichten.

Mein Tipp:
*Singapurnudeln sind asiatische Eiernudeln mit einer sehr kurzen Garzeit.
Sie erhalten sie in der Asienabteilung Ihres Supermarktes oder in asiatischen
Lebensmittelgeschäften. Ersatzweise können Sie auch Suppennudeln nehmen.*

Majoranfleisch *mit Bandnudeln*

Für 4 Personen	*Zubereitungszeit: ca. 40 Min.*
Reichlich Salzwasser	für die Nudeln zum Kochen bringen. Inzwischen
700 g Rindergeschnetzeltes	mit
Pfeffer	würzen und portionsweise in insgesamt
8 EL Öl oder Butterschmalz	scharf anbraten. Mit
Salz und Pfeffer	würzen und zum Abtropfen in ein Sieb geben.
130 g Bandnudeln	im Salzwasser nach Packungsanweisung bissfest garen. Inzwischen
4 Majoranzweige	waschen, trockenschütteln, die Blättchen abzupfen und die Zweige aufheben.
300 g Zwiebeln	schälen, in Streifen schneiden und im Fleischbratfett hellbraun braten. Die Majoranzweige dazugeben,
375 ml Rinderfond	angießen und alles auf die Hälfte einkochen lassen.
2 TL Speisestärke	mit wenig kaltem Wasser anrühren und die Zwiebelsauce damit binden. Die Majoranzweige herausnehmen. Die Nudeln abgießen, abschrecken und gut abtropfen lassen.
80 g Sahne	aufkochen, die Nudeln und
2 EL Butter	dazugeben, alles mischen und mit
1 EL gehackter Petersilie, Salz und Muskatnuss	abschmecken. Das Fleisch und die Majoranblättchen in die Zwiebelsauce geben, alles einmal aufkochen lassen und mit
Salz und Pfeffer	abschmecken. Mit den Bandnudeln servieren.

Mein Tipp:

Braten Sie klein geschnittenes Fleisch am besten immer nur portionsweise an. So kühlt das Bratfett nicht zu sehr ab und Ihr Fleisch wird außen schön braun und bleibt saftig.

Für besondere Anlässe können Sie das Geschnetzelte durch Rinderfilet ersetzen.

Mit Frühlingszwiebeln gefüllte Rouladen
auf Stampfkartoffeln

Für 4 Personen	*Zubereitungszeit: ca. 45 Min. (plus ca. 1 Std. Schmorzeit)*
4 Scheiben Rinderrouladen-fleisch (à 120 g)	zwischen zwei Lagen Frischhaltefolie flach klopfen. Mit
Salz und Pfeffer	würzen.
3 EL Tomatenmark, 1 EL scharfen Senf und 1 EL Thymianblättchen	verrühren und das Fleisch jeweils auf einer Seite dünn damit bestreichen.
4 Frühlingszwiebeln	putzen, waschen, mit
4 Scheiben Frühstücksspeck	umwickeln und jeweils quer auf die Rouladenscheiben legen. Diese fest zusammenrollen und mit Holzzahnstochern oder Rouladennadeln feststecken. Den Backofen auf 180 °C vorheizen.
2 rote Zwiebeln	schälen und in feine Würfel schneiden. Die Rouladen in
3 EL Butterschmalz	von allen Seiten kräftig anbraten. Die Zwiebelwürfel kurz mitbraten. Dann alles mit
150 ml trockenem Rotwein	ablöschen und diesen kurz einkochen lassen.
120 ml schwarzen Johannisbeer-saft und 200 ml Rinderfond	angießen und die Rouladen im Backofen auf der mittleren Schiene zugedeckt ca. 1 Stunde schmoren. Ungefähr 15 Minuten vor Ende der Garzeit
600 g mehlig kochende Kartoffeln	schälen, waschen, halbieren und als Salzkartoffeln garen. Die gegarten Rouladen aus der Sauce nehmen und zugedeckt warm halten. Die Rouladensauce auf die Hälfte einkochen lassen und durch ein feines Sieb streichen. Die gegarten Kartoffeln abgießen und kurz abdampfen lassen.
150 ml Milch und 60 g Butter	in einem Topf aufkochen, mit
Salz, Pfeffer und Muskatnuss	würzen und über die Kartoffeln gießen. Alles fein zerstampfen und zugedeckt warm halten.
200 g Champignons	mit einem feuchten Tuch oder einem Pinsel von Erdresten befreien, putzen und je nach Größe halbieren oder vierteln.
100 g durchwachsenen Speck	in feine Streifen schneiden und in
1 EL Butterschmalz	anbraten. Die Pilze dazugeben und kurz mitbraten. Beides in die Rouladensauce geben und diese mit
Salz und Pfeffer	abschmecken. Die Rouladen mit der Sauce und den Stampfkartoffeln anrichten und mit
Petersilienblättchen	garnieren.

Mein Tipp:
Die Rouladen müssen beim Anbraten von allen Seiten gut gebräunt werden, damit sich alle Fleischporen schließen. Nur so bleibt das feine Rindfleisch beim späteren Schmoren schön saftig.
Um zu prüfen, ob die Rouladen schon weich sind, stechen Sie nach Ende der angegebenen Garzeit mit einer Rouladennadel hinein. Geht dies noch recht schwer, lassen Sie die Rouladen noch etwa 10 Minuten weiterschmoren.

Rinderfilet
auf Rotwein-Schalotten-Butter

Für 4–6 Personen	*Zubereitungszeit: ca. 1 3/4 Std.*
	Den Backofen auf 120 °C vorheizen.
2 ungeschälte Schalotten	halbieren.
1 ungeschälte Knoblauchzehe	leicht andrücken.
1 kg Rinderfilet	in einer Pfanne in
2 EL Butterschmalz	von allen Seiten gut anbraten.
4 Thymianzweige,	
1 Rosmarinzweig,	die Schalotten und den Knoblauch dazugeben und alles kurz weiterbraten. Dann die Zutaten auf ein mit Alufolie ausgelegtes Blech geben und im Backofen auf der mittleren Schiene ca. 1 1/2 Stunden garen.
400 g Schalotten	schälen.
3 EL Zucker	in einem Topf bei mittlerer Hitze hellbraun karamellisieren lassen. Mit
200 ml Rotwein und	
80 ml rotem Portwein	ablöschen und
1/2 Zimtstange, 3 Thymian-zweige und 5 Gewürznelken	dazugeben. Die Schalotten untermischen und die Flüssigkeit bei mittlerer Hitze vollständig einkochen lassen. Die Rotweinschalotten beiseite stellen.
2 rote Zwiebeln	schälen und in feine Streifen schneiden.
2 EL Zucker	in einem Topf bei mittlerer Hitze hellbraun karamellisieren lassen. Die Zwiebelstreifen dazugeben und kurz anbraten. Mit
je 250 ml Rotwein und rotem Portwein	ablöschen.
3 EL Marsala und	
1 Thymianzweig	dazugeben und die Sauce offen auf ca. 100 ml einkochen lassen. Dann durch ein feines Sieb gießen, die Rotweinschalotten hineingeben und
60 g kalte Butterwürfel	zum Binden unterrühren. Das Filet in Scheiben schneiden, mit der Rotwein-Schalotten-Butter anrichten und mit
Kerbelblättchen	garnieren.

Mein Tipp:

Damit das Rinderfilet gleichmäßig durchgaren kann, empfiehlt es sich, es mit Küchengarn in Form zu binden.
Zu dem Rinderfilet passt hervorragend Kartoffelpüree (siehe Tipp Seite 214).
Zu besonderen Anlässen können Sie das Püree mit etwas Trüffelbutter oder -öl verfeinern.

Wiener Schnitzel
mit Bratkartoffeln

Für 4 Personen

Zubereitungszeit: ca. 50 Min.

600 g fest kochende Kartoffeln schälen, in ½ cm dicke Scheiben schneiden, waschen, abtropfen lassen und gut trockentupfen.

60 g durchwachsenen Speck in feine Würfel schneiden.

80 g Zwiebeln schälen und in feine Streifen schneiden. Die Kartoffelscheiben in

80 ml Öl von beiden Seiten anbraten, bis sie goldbraun sind. Den Speck dazugeben und unter häufigem Wenden anbräunen lassen. Die Zwiebelstreifen hinzufügen und ebenfalls kurz anbraten. Alles mit

Salz, gemahlenem Kümmel und edelsüßem Paprikapulver abschmecken und

1 EL gehackte Petersilie untermischen.

3 EL kalte Butter in kleine Würfel schneiden, dazugeben, die Kartoffeln damit glasieren und warm halten. Zwei Lagen Frischhaltefolie mit

Olivenöl bestreichen.

4 Kalbsschnitzel

(aus der Oberschale, à 120 g) dazwischen legen und mit einem Plattiereisen ohne Noppen sehr dünn klopfen. Die Folien entfernen und die Schnitzel mit

Salz und Pfeffer würzen.

2 Eier und

2 EL geschlagene Sahne verrühren. Die Schnitzel zuerst in

50 g Mehl wenden, dann durch die Eiermischung ziehen und zuletzt in

150 g Semmelbröseln wenden. Die Panade leicht andrücken.

150 g Butterschmalz in einer Pfanne erhitzen. Die Schnitzel hineinlegen und zugedeckt ca. 1½ Minuten braten. Anschließend den Deckel rasch entfernen und die Schnitzel auf dieser Seite noch ca. 1½ Minuten braten. Die Schnitzel vorsichtig wenden,

50 g Butter in die Pfanne geben und die Schnitzel noch einmal 3 Minuten braten. Die Schnitzel kurz auf Küchenkrepp abtropfen lassen, mit den Bratkartoffeln anrichten und mit

Zitronenspalten und Kapern garnieren.

Mein Tipp:

Beim Wiener Schnitzel muss die Panade nach dem Braten schön wellig und knusprig sein. Um das zu erreichen, habe ich zwei kleine Tricks: Zum einen verhindert die Sahne in der Eiermischung, dass die Eier beim Braten zu schnell stocken. Die Panade bleibt so länger elastisch, geht besser auf und die attraktiven »Wellen« können besser entstehen. Zum anderen entsteht durch das kurze Zudecken der Pfanne gleich zu Beginn der Bratzeit etwas Feuchtigkeit im Garraum – auch dadurch geht die Panade besser auf.

Kalbsleber mit Madeirasauce
und Pecannuss-Kartoffelpüree

Für 4 Personen   *Zubereitungszeit: ca. 50 Min.*

500 g mehlig kochende Kartoffeln	schälen, waschen, vierteln und in
Salzwasser	garen. Inzwischen
4 Kalbsleberscheiben (à 100 g, ca. 1 cm dick)	waschen, trockentupfen, von beiden Seiten in
Mehl	wenden und in
2 EL Öl	von beiden Seiten ca. 4 Minuten goldbraun braten.
1 EL Butter	hinzufügen und zerlassen. Die Leber damit übergießen, herausnehmen und zur Seite stellen.
60 g Pecannusskerne	grob hacken und in
2 EL Nussöl	kurz anbraten.
125 g Sahne	angießen und alles etwas einkochen lassen. Die Kartoffeln abgießen, abdampfen lassen, durch die Kartoffelpresse drücken und mit der Nusssauce glatt rühren.
1 ½ EL Butter	unterrühren und das Püree mit
Salz, Pfeffer und Muskatnuss	abschmecken.
3 EL geschlagene Sahne	unterheben und alles zugedeckt warm stellen. Für die Madeirasauce
2 Schalotten und 1 Knoblauchzehe	schälen und in feine Würfel schneiden.
100 g Champignons	mit einem Pinsel oder einem feuchten Tuch von Erdresten befreien, putzen und in kleine Würfel schneiden.
80 g durchwachsenen Speck	ebenfalls in kleine Würfel schneiden. Beides mit den Schalotten- und Knoblauchwürfeln sowie
1 TL gehacktem Thymian	in
1 TL Butter	glasig dünsten. Mit
200 ml Madeira	ablöschen und die Sauce sämig einkochen lassen.
30 g kalte Butter	in kleine Würfel schneiden, unter die nicht mehr kochende Sauce rühren und
1 EL gehackte Petersilie	untermischen. Die Leberscheiben noch einmal kurz in der Sauce erwärmen und mit dem Kartoffelpüree anrichten.

Mein Tipp:

Leber ist beim Braten sehr empfindlich. Gart man sie zu lang oder bei zu starker Hitze, wird sie zäh und fest. Braten Sie sie daher immer langsam und gleichmäßig. Übrigens: Leber wird noch zarter, wenn man sie unmittelbar nach dem Braten ein paar Minuten in der Pfanne am Herdrand ruhen lässt. Leber bitte nie vor dem Braten salzen, denn das entzieht ihr Flüssigkeit und macht sie fest.

Saltimbocca *mit Salbeispaghetti*

Für 4 Personen	*Zubereitungszeit: ca. 35 Min.*
Reichlich Salzwasser	zum Kochen bringen und
130 g Spaghetti	darin nach Packungsanweisung bissfest garen. Inzwischen
8 Scheiben Kalbfleisch (aus der Oberschale, à 80 g)	zwischen zwei Lagen Frischhaltefolie dünn klopfen und mit wenig
Salz und Pfeffer	würzen.
8 große Salbeiblätter und 8 Scheiben Parmaschinken	darauf legen und mit Holzzahnstochern feststecken. Die Nudeln abgießen und gut abtropfen lassen.
3 EL Olivenöl und 1 EL gehackten Salbei	untermischen und alles mit
Salz und Muskatnuss	würzen.
2 Thymianzweige	waschen, trockenschütteln und die Blättchen abzupfen. Mit
3 EL Butter	unter die Nudeln mischen. Zugedeckt warm halten.
1 Schalotte	schälen und in feine Würfel schneiden. Die Schnitzel mit den Schinkenseiten nach unten in
2 EL Olivenöl	goldbraun anbraten. Wenden, die Schalottenwürfel und
½ ungeschälte Knoblauchknolle	dazugeben. Alles mit
Salz und Pfeffer	würzen und die Schnitzel weitere 2 Minuten braten. Den Knoblauch wieder entfernen und die Saltimbocca mit den Salbeispaghetti servieren.

Mein Tipp:

Bei diesem Rezept ist es wichtig, dass das Fleisch auch nach dem Feststecken von Schinken und Salbeiblatt schön flach ist und sich nicht wellt. Nur so wird es beim Braten gleichmäßig gar und braun.

Gefülltes Kalbskotelett *mit Blattsalat*

Für 4 Personen   *Zubereitungszeit: ca. 45 Min.*
4 Kalbskoteletts   waschen, trockentupfen und jeweils horizontal eine Tasche einschneiden.
60 g Parmaschinken und
200 g Mozzarella   in feine Würfel schneiden.
80 g geriebenen Parmesan und
2 EL Basilikumpesto
(siehe Rezept Seite 114) untermischen und alles mit
Salz und Pfeffer   abschmecken. Die Fleischtaschen mit der Masse prall füllen und
                          mit Holzzahnstochern feststecken. Anschließend die Koteletts mit
Salz und Pfeffer   würzen.
2 Eier und
2 EL geschlagene Sahne verrühren. Die Koteletts zuerst in
50 g Mehl   wenden, dann durch die Eiermischung ziehen und zuletzt in
80 g Semmelbröseln   wenden. Die Panade fest andrücken.
200 g gemischte Blattsalate verlesen, waschen und trockenschleudern.
3 EL Aceto balsamico,
50 ml Olivenöl mit Limone,
Salz und Pfeffer   zu einer Vinaigrette verrühren. Die Koteletts in
150 g Butterschmalz   von beiden Seiten goldbraun ausbacken. Anschließend kurz auf Küchen-
                          krepp abtropfen lassen. Den Salat mit der Vinaigrette vermischen und mit
                          den Koteletts servieren.

Mein Tipp:
*Gefüllte Koteletts brauchen beim Braten etwas Zeit, bis sie gar sind. Daher
empfehle ich immer mittlere Hitze – so hat das Fleisch ausreichend Zeit
zu garen und die Panade wird nicht zu schnell dunkel. Wichtig beim Kalbs-
kotelett: Das Fleisch sollte nach dem Braten innen noch leicht rosa sein.*

Kalbsfrikassee
mit Frühlingsgemüse und Kräuterreis

Für 4 Personen

Zubereitungszeit: ca. 1 1/2 Std.

1 Möhre, ¼ Sellerieknolle, 2 Zwiebeln und ½ Lauchstange putzen, schälen bzw. waschen und grob zerkleinern.

600 g Kalbfleisch (aus Nacken oder Schulter) in ca. 3 cm große Würfel schneiden.

1,5 l Salzwasser aufkochen und das Fleisch hineingeben. Die Hitze reduzieren und das Fleisch offen ca. 30 Minuten garen. Das vorbereitete Gemüse mit

1 Lorbeerblatt, 10 schwarzen Pfefferkörnern, 2 Thymianzweigen, 3 Petersilienstielen und Salz dazugeben und alles bei milder Hitze offen weitere 30 Minuten köcheln lassen. Das Fleisch herausnehmen und mit einem feuchten Stofftuch zudecken. Den Fond durch ein Sieb gießen.

200 g Zwiebeln schälen und grob zerkleinern.

Je 100 g Knollensellerie und Petersilienwurzeln putzen, schälen und in Würfel schneiden. Alles in

50 g Butter andünsten. Mit

150 ml Weißwein ablöschen, den aufgefangenen Kalbsfond und

250 g Sahne angießen und die Sauce offen auf 500 ml einkochen lassen. Pürieren und durch ein feines Sieb gießen.

150 g Basmatireis mit kaltem Wasser abbrausen, mit ca. 180 ml kaltem Wasser und

1 Prise Salz aufkochen lassen. Dann bei milder Hitze zugedeckt ca. 10 Minuten garen, dabei mehrmals umrühren.

2 EL gehackte Kräuter und 1 TL abgeriebene, unbehandelte Limettenschale untermischen und den Reis zugedeckt warm halten.

50 g Zuckerschoten, 10 weiße und 10 grüne Spargelspitzen putzen und waschen.

2 kleine Möhren putzen, schälen und längs halbieren.

Reichlich Salzwasser zum Kochen bringen und den weißen Spargel darin ca. 6 Minuten blanchieren. Dann den grünen Spargel, nach weiteren 2 Minuten die Möhren und nach nochmals 2 Minuten die Zuckerschoten dazugeben. Alles noch ca. 2 Minuten blanchieren. Das Gemüse abgießen, kurz abschrecken und gut abtropfen lassen. Das Fleisch und die Sauce in einen Topf geben. Das blanchierte Gemüse und den

Saft von 1 Limette hinzufügen. Das Frikassee noch einmal erhitzen, mit

1 TL frisch geriebenem Meerrettich, Salz und Pfeffer abschmecken und mit dem Kräuterreis servieren.

Mein Tipp:

Sellerie, Petersilienwurzeln und Zwiebeln sind wahre Aromawunder. Durch sie bekommt die feine Weißwein-Sahne-Sauce erst den vollen Geschmack. Das Wasser, in dem Sie das Kalbfleisch garen, darf nur leicht sieden, keinesfalls kochen, sonst kann das Fleisch zäh und trocken werden.

Bierschinken im Kräuterbackteig
mit Zwiebelsauce

Für 4 Personen	*Zubereitungszeit: ca. 45 Min.*
200 g rote und	
100 g weiße Zwiebeln	schälen und in dünne Ringe schneiden.
2 Thymianzweige	waschen, trockenschütteln und die Blättchen abzupfen.
2 EL Zucker	in
4 EL Butter	unter Rühren karamellisieren lassen. Die Zwiebeln, den Thymian und
125 ml trockenen Rotwein	dazugeben und kurz garen.
125 ml Kalbsfond	angießen und alles auf die Hälfte einkochen lassen.
4 EL Holundersaft	untermischen und die Sauce vom Herd nehmen.
40 g eiskalte Butter	in kleine Würfel schneiden und in die noch warme Sauce einrühren. Mit
Salz und Pfeffer	abschmecken und warm stellen.
	Für den Ausbackteig
1 Knoblauchzehe	schälen, in feine Würfel schneiden und mit
3 Eigelb, 70 g Mehl,	
50 ml trockenem Weißwein	
und je 1 EL gehacktem Kerbel,	
gehackter Petersilie und	
Schnittlauchröllchen	zu einem glatten Teig verrühren. Mit
Salz und Pfeffer	würzen.
2 Eiweiß und 1 Prise Salz	zu Eischnee schlagen und diesen unter den Teig heben.
150 g Butterschmalz	zum Ausbacken erhitzen.
8 Scheiben Bierschinken	
(7 mm dick,	
insgesamt ca. 600 g)	in
40 g Mehl	wenden, durch den Teig ziehen und im Butterschmalz von beiden Seiten goldgelb ausbacken. Den Bierschinken mit der Zwiebelsauce anrichten.

Mein Tipp:

Als Beilage serviere ich dazu gern Kartoffelpüree: Dafür 500 g mehlig kochende Kartoffeln schälen, waschen und als Salzkartoffeln garen. Abgießen, abdampfen lassen und noch heiß durch die Kartoffelpresse drücken. 250 ml Milch, 4 EL Butter, Salz, Pfeffer und Muskatnuss aufkochen und kräftig unter die Kartoffelmasse rühren. Zuletzt 1 EL geschlagene Sahne unterrühren.

Rote Zwiebeln sind etwas milder im Geschmack als unsere üblichen Haushaltszwiebeln. Daher nehme ich für meine Sauce gern eine Mischung aus beiden Sorten. Und statt des Holundersafts können Sie zum Aromatisieren der Zwiebelsauce auch schwarzen Johannisbeersaft nehmen.

Pfannkuchenrouladen
mit Lammfüllung

Für 4 Personen	*Zubereitungszeit: ca. 1 1/4 Std.*
	Für den Pfannkuchenteig
40 g Butter	zerlassen.
220 ml Milch, 130 g Mehl,	
2 Eier, Salz und Muskatnuss	verquirlen.
1 EL Majoranblättchen	mit der flüssigen Butter unter den Teig rühren und diesen ca. 30 Minuten ruhen lassen.
	Inzwischen für die Füllung
500 g Lammfleisch	
(aus der Schulter)	durch die feine Scheibe des Fleischwolfs drehen oder in sehr kleine Würfel schneiden.
100 g Schalotten	schälen und in feine Würfel schneiden.
150 g Lauch	putzen, waschen und ebenfalls in feine Würfel schneiden. Die Schalotten in
3 EL Butter	glasig dünsten. Den Lauch und
2 EL Schnittlauchröllchen	dazugeben, kurz mitdünsten und alles abkühlen lassen. Inzwischen
1 Knoblauchzehe	schälen und in feine Würfel schneiden.
1 Rosmarinzweig	waschen, trockenschütteln, die Nadeln abzupfen und fein hacken. Knoblauch und Rosmarin mit der kalten Lauchmischung unter das Lammhackfleisch mischen und alles mit
Salz und Pfeffer	kräftig würzen. Den Teig noch einmal durchrühren und daraus hauchdünne Pfannkuchen backen. Dabei für jeden Pfannkuchen
1 TL Öl	in einer beschichteten Pfanne erhitzen, ein wenig Teig mit einer Schöpfkelle in die Mitte geben und die Pfanne schwenken, damit der Teig zu einem hauchdünnen Pfannkuchen verläuft. Wenn der Pfannkuchen auf der Unterseite leicht gebräunt und oben fast gestockt ist, mit einer Palette oder einem Pfannenwender vorsichtig wenden und nochmals 1 Minute backen, bis auch die zweite Seite leicht gebräunt ist. Die fertigen Pfannkuchen auskühlen lassen. Den Backofen auf 180 °C vorheizen. Die Pfannkuchen mit einem Teigschaber oder Messer gleichmäßig mit der Hackfleischmischung bestreichen und zusammenrollen. Eine große Auflaufform mit
1 TL Butter	ausfetten. Die Pfannkuchenrouladen einmal halbieren und hineinlegen.
200 g Mozzarella	in dünne Scheiben schneiden, darauf legen und die Pfannkuchenrouladen im Backofen auf der mittleren Schiene ca. 15 Minuten garen.

Mein Tipp:
Servieren Sie zu den Pfannkuchenrouladen einen gemischten Blattsalat mit Vinaigrette. Die feine Säure der Salatsauce und die knackig-frischen Salatblätter passen ausgezeichnet zu der deftig-würzigen Lammfüllung.
Achten Sie beim Backen der Pfannkuchen darauf, dass das Fett nicht zu heiß ist, sonst werden sie zu schnell dunkel.

Lammkoteletts
mit Knoblauchkruste und cremiger Ratatouille

Für 4 Personen	*Zubereitungszeit: ca. 1 Std. (plus ca. 12 Std. Marinierzeit)*
3 Knoblauchzehen	schälen, in feine Würfel schneiden und mit
4 Thymianzweigen, 2 Rosma-rinzweigen und 80 ml Olivenöl	mischen.
16 Lammkoteletts (à 50 g)	waschen, trockentupfen, mit der Marinade übergießen und zugedeckt über Nacht kühl stellen.
	Am nächsten Tag für die Kruste
80 g Weißbrot	entrinden und mit dem Pürierstab fein zerbröseln.
6 junge Knoblauchzehen	schälen und in feine Würfel schneiden.
100 g Butter	schaumig rühren, mit
Salz und Pfeffer	würzen und mit dem Weißbrot, den Knoblauchwürfeln und
2 EL gehackter Petersilie	glatt rühren. Die Butter auf ein Stück Frischhaltefolie geben, zu einer Rolle mit ca. 5 cm Durchmesser formen und kühl stellen.
	Für die Ratatouille
je 1 Aubergine, Zucchino, rote und gelbe Paprikaschote sowie 2 Tomaten	putzen, waschen und in ca. 2 cm große Würfel schneiden.
2 Knoblauchzehen	schälen, in feine Würfel schneiden und mit dem Gemüse in
3 EL Olivenöl	ca. 4 Minuten anbraten.
1 EL Thymianblättchen und 100 g Tomatenpüree	untermischen und die Ratatouille ca. 5 Minuten köcheln lassen. Mit
Salz und Pfeffer	abschmecken,
100 g geschlagene Sahne und 50 g geriebenen Parmesan	untermischen und alles zugedeckt warm halten. Den Backofen auf 130 °C vorheizen. Die Koteletts aus der Marinade nehmen und gut abtropfen lassen. Die Marinade durch ein Sieb gießen und sowohl das Öl als auch die Kräuter aufheben. 3 EL vom Marinadeöl erhitzen und die Koteletts darin mit den Marinadekräutern kurz anbraten. Mit
Salz und Pfeffer	würzen und im Backofen auf der mittleren Schiene ca. 5 Minuten weitergaren. Den Backofengrill einschalten. Die Würzbutter in ca. ½ cm dicke Scheiben schneiden, die Koteletts damit belegen und unter dem Backofengrill goldgelb gratinieren. Die Koteletts mit der Ratatouille anrichten und mit
frischem Weißbrot oder Ciabatta	servieren.

Mein Tipp:

Ich empfehle für die Kruste immer jungen Knoblauch, weil dieser im Aroma milder ist als gelagerter. Sollten Sie jedoch nur Lagerknoblauch bekommen, dann nehmen Sie bitte nur 3 Zehen, damit die Kruste nicht zu intensiv wird. Die Kruste schmeckt statt mit Knoblauch auch mit Bärlauch hervorragend, den Sie im April und Mai frisch kaufen können. 1 EL fein gehackte Blätter reichen für die Kruste aus.

Rehmedaillons

mit Selleriepüree und Thymianbutter

Für 4 Personen	*Zubereitungszeit: ca. 1 1/4 Std.*
	Für die Thymianbutter
2 Schalotten	schälen, in feine Würfel schneiden und in
2 EL Butter	glasig dünsten.
Je 100 ml Gemüsebrühe und trockenen Weißwein	dazugeben und auf die Hälfte einkochen lassen.
1 Wacholderbeere	zerdrücken.
2 Thymianzweige	waschen, trockenschütteln, die Blättchen abzupfen und fein hacken. Mit der Wacholderbeere und
2 EL Madeira	in die Sauce geben, alles ca. 10 Minuten köcheln lassen, durch ein feines Sieb gießen und warm halten. Den Backofen auf 150 °C vorheizen.
600 g Rehrückenfilet	mit
Salz und Pfeffer	würzen und in
2 EL Butter	von beiden Seiten anbraten. Auf ein Backblech legen und im Backofen ca. 20 Minuten weitergaren. Inzwischen für das Püree
450 g Knollensellerie	schälen, in feine Würfel schneiden und mit
300 g Sahne	in einem großen Topf aufkochen. Die Selleriewürfel ca. 10 Minuten butterweich kochen, dabei immer wieder umrühren. Den Sellerie pürieren, durch ein Sieb streichen und mit
Salz, Pfeffer und Muskatnuss	abschmecken. Anschließend noch einmal kurz erhitzen und
2 EL geschlagene Sahne	unterheben.
80 g kalte Butter	in kleine Würfel schneiden, mit dem Pürierstab unter die warme Thymiansauce mixen und diese mit
Salz und Pfeffer	abschmecken. Das Rehrückenfilet in Scheiben schneiden und mit dem Selleriepüree und der Thymianbutter auf Tellern anrichten. Dazu passen einige kurz in Butter gebratene Möhrenstreifen.

Mein Tipp:

Das Selleriepüree ist schnell gemacht und superlecker. Da die Sahne beim Kochen recht stark schäumt, sollte man das Gemüse während des Garens häufiger umrühren und die Hitze nicht zu groß einstellen. Falls das Selleriepüree einmal zu flüssig ist (dies hängt vom Wassergehalt des Selleries und vom Einkochen der Sahne ab), köcheln Sie es bei milder Hitze offen unter häufigem Rühren auf die gewünschte Konsistenz ein.

Süßes & Desserts

Beerengrütze
mit Mango-Joghurt-Schaum

Für 4–6 Personen	*Zubereitungszeit: ca. 45 Min. (plus ca. 3 Std. Kühlzeit für den Mangoschaum)*
	Für den Mango-Joghurt-Schaum
3 Blatt weiße Gelatine	ca. 10 Minuten in kaltem Wasser einweichen.
	Inzwischen
1 reife, große Mango (ca. 400 g)	mit dem Sparschäler schälen. Das Fruchtfleisch flach vom Stein abschneiden, in kleine Würfel schneiden, fein pürieren und durch ein sehr feines Sieb streichen (das Püree darf keine Fruchtstückchen oder -fasern mehr enthalten). 200 g von diesem Mangopüree mit
25 g Puderzucker	leicht erwärmen (das restliche Mangopüree anderweitig verwenden; siehe Tipp). Die Gelatine gut ausdrücken, unter Rühren im warmen Mangopüree auflösen und alles gut glatt rühren.
250 g Naturjoghurt	nach und nach unterruhren und die Creme noch einmal durch ein sehr feines Sieb streichen. Die Creme in den Gourmet Whip (siehe Tipp) füllen, diesen verschließen und zwei Gaskapseln in den Deckel drehen. Alles kräftig aufschütteln und ca. 3 Stunden kühl stellen.
	Inzwischen für die Grütze
250 g gemischte Beeren (z. B. Brombeeren, Himbeeren, Erdbeeren, Rote Johannisbeeren, Blaubeeren)	verlesen bzw. putzen, ganz kurz waschen und gut trockentupfen.
40 g Zucker	in einer Pfanne bei mittlerer Hitze unter Rühren karamellisieren lassen.
150 ml Orangensaft, 100 ml schwarzen Johannisbeersaft und 1 EL Honig	unter Rühren dazugeben und kurz aufkochen lassen.
1 Msp. Zimtpulver und die abgeriebene Schale von je ½ unbehandelten Orange und Zitrone	dazugeben und alles bei mittlerer Hitze unter Rühren sirupartig einkochen lassen. Die Beeren hinzufügen, die Grütze einmal vorsichtig mischen und dann abkühlen lassen. Die Beerengrütze in Gläsern anrichten und den Mango-Joghurt-Schaum mit einer Tulpentülle dekorativ darauf spritzen. Die Desserts zuletzt mit
Zitronenmelisseblättchen	garnieren.

Mein Tipp:

Der Mango-Joghurt-Schaum lässt sich nur mit dem »ISI Gourmet Whip« zubereiten. Dieses spezielle Gerät ist sehr vielseitig einsetzbar. Es eignet sich nicht nur zur Zubereitung von Schlagsahne, sondern auch zum Aufschlagen von süßen und pikanten Flüssigkeiten zu Espumas und feinen Saucen. Die Bestelladresse finden Sie auf Seite 255.

Bei der Zubereitung des Mangopürees ist es äußerst wichtig, dass es absolut fein ist und keine Fruchtstückchen oder -fasern mehr enthält, die die feine Aufschäumdüse des Syphons verstopfen können. Das restliche Mangopüree können Sie sehr gut einfrieren und später als Fruchtsauce für andere Desserts verwenden.

Himbeer Royale

Für 8 Personen
3 Blatt weiße Gelatine
600 g Himbeeren
50 g Puderzucker und
dem Saft von 1 Zitrone

150 ml trockenen Weißwein
40 ml Himbeergeist
Puderzucker

ca. 400 ml gut
gekühltem Prosecco
Einige Himbeeren

Zubereitungszeit: ca. 35 Min. (plus ca. 3 Std. Kühlzeit)
ca. 10 Minuten in kaltem Wasser einweichen.
verlesen und mit

kurz aufkochen. Die Mischung äußerst fein pürieren und durch ein sehr, sehr feines Sieb passieren. Von dem Himbeerpüree 350 ml abmessen.
erwärmen, die Gelatine gut ausdrücken und im Wein auflösen.
und das Himbeerpüree darunter rühren und alles nach Geschmack mit nachsüßen. Die Creme in den Gourmet Whip (siehe Tipp Seite 224) füllen, diesen verschließen und zwei Gaskapseln in den Deckel drehen. Alles kräftig aufschütteln und ca. 3 Stunden kühl stellen.
Acht Sektschalen oder Martinigläser jeweils zur Hälfte mit insgesamt

füllen.
verlesen und hineingeben. Anschließend den Himbeerschaum mit der Tulpentülle dekorativ in die Gläser spritzen.

Mein Tipp:
Noch edler wird das Dessert, wenn sie es mit Champagner zubereiten. Das Himbeerpüree eignet sich hervorragend als Brotaufstrich oder zum Aromatisieren von Naturjoghurt, falls etwas übrig bleiben sollte.

Mangokaltschale *mit Quarkmousse*

Für 4 Personen	*Zubereitungszeit: ca. 1 Std. (plus ca. 3 Std. Kühlzeit für Kaltschale und Mousse)*
1 ½ **Blatt weiße Gelatine**	ca. 10 Minuten in kaltem Wasser einweichen.
100 g kalten Quark	
(20 % Fett) und 30 g Zucker	verrühren.
½ **unbehandelte Limette**	heiß abwaschen, gut abtrocknen und die Schale fein abreiben. Den Saft auspressen und in einem kleinen Topf erwärmen. Die Gelatine gut ausdrücken, im Limettensaft auflösen und mit der Limettenschale unter die Quarkmischung rühren. Wenn der Quark zu gelieren beginnt, vorsichtig
120 g kalte, geschlagene Sahne	unterheben. Die Masse in vier Timbaleförmchen (5 cm Durchmesser, 6 cm hoch) füllen und 2 bis 3 Stunden kühl stellen.
600 g Mangos	schälen, das Fruchtfleisch vom Stein abschneiden und in kleine Würfel schneiden.
180 g Zucker	bei mittlerer Hitze karamellisieren lassen. Mit
150 ml trockenem Weißwein	
und dem Saft von 1 Orange	ablöschen.
1 aufgeschnittene Vanilleschote	dazugeben und alles köcheln lassen, bis sich der Zucker aufgelöst hat. Dann den Sud auf zwei Drittel einkochen lassen und eventuell mit
etwas angerührter Speisestärke	binden. Die Vanilleschote entfernen, die Mangowürfel hineingeben, alles fein pürieren und ca. 3 Stunden kühl stellen. Danach die Mangokaltschale in tiefe Teller geben. Die Quarkmousse mit einem spitzen Messer vorsichtig aus den Förmchen lösen, darauf setzen und mit
in Streifen geschnittenen Minzeblättchen	garnieren.

Kirschen in Portweinsabayon
mit Vanilleeis

Für 4 Personen

Zubereitungszeit: ca. 45 Min.

400 g Schattenmorellen
waschen, entsteinen, in eine flache Schale geben und

1 EL Kirschwasser
untermischen.

70 g Zucker
in einem Topf karamellisieren lassen. Mit

150 ml trockenem Rotwein
unter Rühren ablöschen und alles auf die Hälfte einkochen lassen.

1 Zimtstange, das Mark
von ½ Vanilleschote,
die abgeriebene Schale von
1 unbehandelten Orange und

250 ml Kirschsaft
unterrühren und alles wiederum auf die Hälfte einkochen lassen.

1 EL Speisestärke
mit etwas kaltem Wasser glatt rühren, die köchelnde Sauce damit binden und noch einmal kurz aufkochen lassen. Die Sauce leicht abkühlen lassen und durch ein Sieb auf die Kirschen gießen.
Für das Sabayon

250 ml Portwein
auf die Hälfte einkochen lassen und vom Herd nehmen.

3 Eigelb, 40 g Zucker und
die abgeriebene Schale von
½ unbehandelten Orange
in einer Schüssel verrühren. Die Schüssel über ein heißes Wasserbad hängen, den warmen Portwein unter Rühren dazugeben und das Sabayon schaumig aufschlagen.
Das Kirschkompott mit dem Sabayon und

4 Kugeln Vanilleeis
auf Tellern anrichten.

1 Vanilleschote
längs vierteln, mit

Puderzucker
bestäuben und das Dessert damit garnieren.

Mein Tipp:
Durch ihre feine Säure sind Schattenmorellen für dieses Dessert besonders gut geeignet, weil sie mit der Süße des Portweins optimal harmonieren. Alternativ können Sie aber auch einmal Süßkirschen verwenden.
Bestäuben Sie das Vanilleeis kurz vor dem Servieren mit etwas Zimtpulver. Das passt geschmacklich hervorragend zu den Kirschen.
Eine interessante Variante für alle Dessertliebhaber: Backen Sie vier Pfannkuchen und füllen Sie sie mit dem Kirschkompott. Dazu das Portweinsabayon als Sauce und das Vanilleeis (eventuell auch mit etwas Zimt bestäubt) servieren.

Melonensuppe *mit Gewürztraminer*

Für 4 Personen
**2 mittelgroße Melonen
(vorzugsweise Charentais)**

Zubereitungszeit: ca. 30 Min.

zickzackartig quer halbieren und die Kerne mit einem Esslöffel entfernen. Mit einem Kugelausstecher ca. 40 Kugeln (2 cm groß) aus dem Fruchtfleisch herauslösen und beiseite stellen. Das restliche Fruchtfleisch mit einem Löffel vorsichtig aus den Melonenhälften herauskratzen.

1 unbehandelte Limette

heiß abwaschen und gut abtrocknen. Die Schale von ½ Limette fein abreiben und die Limette auspressen. 300 g Melonenfruchtfleisch mit

**125 ml Gewürz-
traminer, 50 g Puderzucker,**

150 g Eiswürfeln und der Limettenschale sowie dem Limettensaft pürieren. Die Melonenhälften unten eventuell gerade schneiden, damit sie besser stehen. Die Melonenkugeln hineingeben, die Suppe einfüllen und vorsichtig hineingeben. Vier Teller mit zerstoßenem Eis füllen. Die Melonenhälften vorsichtig darauf setzen und mit

4 Kugeln Zitronensorbet

Minzeblättchen

garnieren.

Mein Tipp:
Die Melonensuppe schmeckt eiskalt serviert am besten – dann können sich die Aromen von Gewürztraminer und Melonenfleisch optimal ergänzen. Garnieren Sie die Suppe mit etwas Himbeermark: Dafür 100 g Himbeeren pürieren, durch ein feines Sieb streichen, mit ca. 2 EL Puderzucker glatt rühren und als Klecks (2 EL pro Person) auf die Melonensuppe setzen.

Buttermilchmousse *mit Erdbeercarpaccio*

Für 4 Personen	*Zubereitungszeit: ca. 50 Min.*
100 g kalte Buttermilch und 3 EL Zucker	verrühren.
1 ½ Blatt weiße Gelatine	ca. 10 Minuten in kaltem Wasser einweichen. Inzwischen
½ unbehandelte Limette	heiß abwaschen, gut abtrocknen und die Schale fein abreiben. Den Saft auspressen und in einem Topf leicht erwärmen. Die Gelatine gut ausdrücken und bei milder Hitze darin auflösen. Anschließend mit der Limettenschale unter die Buttermilch rühren.
120 g kalte Sahne	steif schlagen. Wenn die Buttermilch zu gelieren beginnt (dies dauert ca. 1 Minute), die Sahne vorsichtig unterheben. Die Masse in vier kleine Förmchen (ca. 6 cm Durchmesser, ca. 7 cm hoch) füllen und 30 Minuten kühl stellen. Inzwischen
200 g Erdbeeren	waschen, putzen, längs in dünne Scheiben schneiden und auf Tellern dekorativ anrichten. Die Buttermilchmousse mit einem spitzen Messer behutsam aus den Förmchen lösen, vorsichtig auf die Erdbeeren stürzen und alles mit
Puderzucker	bestäuben.
10 Minzeblättchen	in feine Streifen schneiden und die Mousse damit garnieren.

Mein Tipp:

Die Mousse geliert nur so schnell, wenn Buttermilch und Sahne wirklich kühlschrankkalt sind.

Wenn gerade keine Erdbeersaison ist, können Sie auch Orangenfilets für das Carpaccio verwenden. Oder Sie servieren eine Himbeersauce zur Mousse: Dafür tiefgekühlte Himbeeren auftauen lassen, kurz pürieren, mit wenig Puderzucker verrühren und anschließend durch ein feines Sieb streichen.

Topfenknödel
mit Rhabarberkompott

Für 4 Personen	*Zubereitungszeit: ca. 1 1/4 Std.*
Je 45 g Butter und Zucker	schaumig rühren. Nach und nach
1 Ei und 3 Eigelb	dazugeben und alles kräftig aufschlagen.
400 g Weißbrot	entrinden und klein würfeln. 350 g davon in einer Pfanne ohne Fettzugabe goldgelb rösten, abkühlen lassen. Die Brotwürfel und die Eimasse mit dem
Mark von 1 Vanilleschote und der abgeriebenen Schale von 1/2 unbehandelten Orange und 1 unbehandelten Zitrone	gut verrühren.
500 g Quark (20 % Fett)	in einem sauberen Stofftuch gut ausdrücken und sorgfältig untermischen. Die Masse mit Frischhaltefolie abdecken und ca. 30 Minuten kühl stellen. Inzwischen
500 g Rhabarber	waschen, schälen, längs vierteln und in ca. 4 cm große Stücke schneiden.
150 g Honig	in einem Topf erwärmen.
1 EL fein gehackte Ingwerwurzel, 1 Zimtstange und 1 aufgeschlitzte Vanilleschote	dazugeben.
1 unbehandelte Limette	heiß abwaschen, gut abtrocknen, die Schale fein abreiben und untermischen. Alles mit
je 100 ml Apfelsaft und trockenem Weißwein	ablöschen und sirupartig einkochen lassen. Die Rhabarberstücke dazugeben, alles einmal aufkochen, vom Herd nehmen und den Rhabarber in der heißen Flüssigkeit ohne Hitzezufuhr bissfest garen. Anschließend die Zimtstange und die Vanilleschote entfernen.
Reichlich Salzwasser	zum Kochen bringen. Die Weißbrotmasse kurz durchdrücken, mit einem Eisportionierer kleine Knödel formen und im leicht siedenden Wasser 10 bis 12 Minuten gar ziehen lassen. Herausnehmen und abtropfen lassen.
40 g Zucker, 1 Msp. Zimtpulver und die abgeriebene Schale von 1/2 unbehandelten Orange	in
50 g Butter	kurz andünsten.
80 g Semmelbrösel	untermischen. Die Topfenknödel in der Bröselmischung (Schmelze) wälzen. Das Rhabarberkompott kurz erwärmen und mit den Knödeln auf Tellern anrichten. Mit
Puderzucker	bestäuben.

Mein Tipp:

Für das Gelingen der Topfenknödel ist es wichtig, die Mengenangaben genau einzuhalten. Deshalb empfiehlt es sich, alles abzumessen und beim Kochen nicht zu improvisieren. Sollten Sie unsicher sein, ob der Teig die richtige Konsistenz hat, kochen Sie zu Beginn einen kleinen Probekloß. Fällt er auseinander, mischen Sie noch etwas Mehl unter die Masse, damit sie hält. Schneiden Sie das Weißbrot in gleichmäßig kleine Würfel. Dann gehen diese in der Masse optimal auf und die Knödel lassen sich besser formen.

Glühweinsabayon

Für 4 Personen

1 unbehandelte Orange und
¹/₂ unbehandelte Zitrone
160 ml trockenem Rotwein,
70 g Zucker, 5 Gewürznelken
und 1 Zimtstange

4 Eigelb

Vanillezucker
Einige Löffelbiskuits

Zubereitungszeit: ca. 35 Min.

heiß abwaschen und gut abtrocknen. Die Schale fein abreiben und mit

bis kurz vor dem Siedepunkt erhitzen (bitte nicht kochen lassen, sonst geht das Aroma verloren). Anschließend den Glühwein abkühlen lassen.
in einer Schüssel verrühren. Den kalten Glühwein durch ein Sieb dazugießen und die Mischung über einem heißen Wasserbad cremig aufschlagen. Das Glühweinsabayon in dekorative Gläser füllen und mit
bestreuen.
dazu servieren.

Mein Tipp:

Achten Sie beim Wasserbad darauf, dass das Wasser die eingehängte Schüssel nicht berührt. Sonst stockt das Eigelb beim Aufschlagen zu schnell und es kommt zu wenig Luft unter die Masse. Außerdem darf das Wasser nur leicht perlen, auf keinen Fall sprudelnd kochen.

Früchte-Quark-Gratin

Für 4 Personen

Zubereitungszeit: ca. 40 Min.

Je 100 g Erdbeeren, Himbeeren, Brombeeren und Rote Johannisbeeren verlesen bzw. putzen, kurz waschen und trockentupfen. Die Erdbeeren halbieren.
Den Backofengrill einschalten.

4 Eigelb, 60 g Puderzucker, 80 ml Sekt sowie den Saft und die abgeriebene Schale von 1/2 unbehandelten Zitrone gut verrühren und über einem heißen Wasserbad schaumig aufschlagen. Die Schüssel vom Wasserbad nehmen und die Masse so lange weiterschlagen, bis sie kalt ist und bindet. Dann

60 g Quark (20 % Fett) und 40 g geschlagene Sahne vorsichtig unterheben. Drei Viertel der Beeren auf vier kleine, flache Gratinformen oder feuerfeste Teller (sie müssen nebeneinander in den Backofen passen) verteilen und mit der Eiercreme übergießen. Die restlichen Beeren darauf streuen und etwas hineindrücken. Die Gratins unter dem Backofengrill auf der mittleren Schiene so lange überbacken, bis die Oberfläche goldgelb ist. Die Gratins in den Förmchen mit

Puderzucker bestäubt servieren.

Mein Tipp:
Servieren Sie zum Gratin noch eine Kugel Vanilleeis. Die Kombination aus lauwarm und eiskalt ist einfach wunderbar.
Das Gratin schmeckt auch mit exotischen Früchten sehr gut, z. B. mit Mango, Babyananas, Karambole und Papaya.

Quarkschmarren
mit Preiselbeeren

Für 4 Personen	*Zubereitungszeit: ca. 1 Std.*
170 g gezuckerte Preiselbeeren im Saft (aus der Dose)	abtropfen lassen. Den Saft auffangen und bei mittlerer Hitze auf die Hälfte einkochen lassen. Dann die Preiselbeeren wieder dazugeben. Für den Quarkschmarren
3 Eier	trennen.
½ Vanilleschote	längs aufschneiden, das Mark mit einem spitzen Messer herauskratzen und mit den Eigelben sowie
125 g Magerquark, 3 EL Milch, 60 g Sahne und 50 g Mehl	gut verquirlen.
1 EL Rosinen und die abgeriebene Schale von je ½ unbehandelten Orange und Zitrone	untermischen. Die Eiweiße mit
1 Prise Salz	halbsteif schlagen.
60 g Zucker	hinzufügen und alles zu steifem Eischnee schlagen. Diesen vorsichtig unter die Quarkmasse heben. Den Backofen auf 180 °C vorheizen.
2 EL Butter	in einer beschichteten feuerfesten Pfanne erhitzen. Die Quarkmasse hineingeben und bei mittlerer Hitze so lange backen, bis die Unterseite goldbraun ist. Dann den Schmarren im Backofen auf der mittleren Schiene ca. 20 Minuten backen. Herausnehmen und in der Pfanne mit zwei Pfannenwendern in mundgerechte Stücke zerteilen. Die Herdplatte auf mittlere Hitze stellen. Den Schmarren in die eine Hälfte der Pfanne schieben.
2 EL Butter	in die andere Hälfte geben und zerlaufen lassen.
20 g Puderzucker	auf die Butter sieben und goldgelb karamellisieren lassen. Dann den Schmarren mit dem Karamell gründlich mischen. Nochmals
20 g Puderzucker ½ TL Zimtpulver	durchsieben und mit mischen. Den Schmarren mit den Preiselbeeren auf Tellern anrichten, mit dem Zimtzucker bestäuben und mit
Minzeblättchen	garnieren.

Mein Tipp:
Ein guter Quarkschmarren muss außen goldgelb gebräunt und innen schön saftig sein. Das schafft man aber nicht, wenn man ihn nur in der Pfanne zubereitet. Daher mein Trick, den Schmarren langsam im Backofen fertig zu garen. Für die richtige Bräunung sorgt anschließend das Wenden im Karamell.

Crème brûlée *mit marinierten Himbeeren*

Für 4 Personen	*Zubereitungszeit: ca. 1 1/2 Std. (plus ca. 1 Std. Kühlzeit für die Crème brûlée)* Den Backofen auf 100 °C vorheizen. Vier feuerfeste Suppenschälchen bereitstellen, die nebeneinander in den Backofen passen.
6 Eigelb und 110 g Zucker	verrühren.
1 Vanilleschote	längs aufschneiden und mit
200 ml Milch und 400 g Sahne	aufkochen. Die Vanilleschote wieder entfernen. Die Vanillesahne zur Eigelbmischung geben und alles über einem heißen Wasserbad so lange schlagen, bis die Masse leicht sämig wird. Die Creme durch ein Sieb gießen, in die Suppenteller geben und im Backofen auf der mittleren Schiene 50 bis 60 Minuten garen. Herausnehmen und ca. 1 Stunde kühl stellen.
Je 2 EL Puderzucker und Orangenlikör (z. B. Grand Marnier)	glatt rühren.
200 g Himbeeren	verlesen und vorsichtig unter die Likörmischung heben. Die abgekühlte Creme gleichmäßig mit
50 g braunem Zucker	bestreuen und diesen mit einem Bunsenbrenner hellbraun und knusprig karamellisieren. Die Crème brûlée mit den marinierten Himbeeren anrichten und mit
Minzeblättchen	garnieren.

Mein Tipp:

Mit dem Bunsenbrenner wird die hauchdünne, knusprige Karamellschicht am besten, denn Sie können damit die Hitze und den Bräunungsgrad optimal dosieren. Einen Bunsenbrenneraufsatz und die passende Gaskartusche bekommen Sie in jedem Heimwerkermarkt. Oder Sie fragen in Ihrem Haushaltswarenfachgeschäft danach. Das Karamellisieren unter dem Backofengrill ist nicht zu empfehlen – dabei kann der Zucker viel zu schnell schwarz werden.

Erdbeertörtchen *mit Orangenlikör*

Für 4 Personen	*Zubereitungszeit: ca. 1 1/4 Std.*
	Den Backofen auf 180 °C vorheizen.
	Für den Biskuitteig
3 EL Butter	zerlassen und abkühlen lassen.
2 Eier und 60 g Zucker	über einem heißen Wasserbad schaumig aufschlagen und vom Wasserbad nehmen.
40 g Mehl und	
20 g Speisestärke	mischen und vorsichtig unter die Eiermischung heben. Dann die flüssige Butter unterrühren. Vier Tarteletteförmchen mit
1 TL Butter	ausfetten und mit
etwas Mehl	ausstäuben. Die Biskuitmasse hineinfüllen, glatt streichen und im Backofen auf der mittleren Schiene ca. 10 Minuten backen. Herausnehmen, abkühlen lassen und die Böden aus den Förmchen lösen.
	Für den Belag
2 EL Orangenlikör (z. B. Grand Marnier) und	
1 EL Puderzucker	verrühren und den Biskuit damit bestreichen.
600 g Erdbeeren	waschen, trockentupfen, putzen und halbieren.
100 g rotes Johannisbeergelee	unter Rühren aufkochen lassen und die Erdbeeren darin wenden.
150 g Sahne und	
1 TL Vanillezucker	steif schlagen und auf die Biskuitböden geben. Die Erdbeeren jeweils mit den Spitzen nach oben spiralförmig auf den Biskuitböden anordnen. Mit
Minzeblättchen	garnieren.

Mein Tipp:
Durch das schaumige Aufschlagen der Eier-Zucker-Mischung über dem Wasserbad wird der Biskuit besonders luftig und locker.

Mandelcrêpes
mit marinierten Pfirsichen

Für 4 Personen

Zubereitungszeit: ca. 1 Std. (plus 3 Std. Marinierzeit für die Pfirsiche)

Je 1 unbehandelte Orange und Zitrone heiß abwaschen, gut abtrocknen und die Schale fein abreiben. Dann die Früchte auspressen.

1/2 Vanilleschote längs aufschneiden und das Mark mit einem spitzen Messer herauskratzen. **30 g Zucker und 1 Sternanis** mit dem Vanillemark und der -schote, den Zitrussäften, der abgeriebenen Schale und 3 EL Wasser aufkochen und ca. 4 Minuten einkochen lassen. Den Sud vom Herd nehmen.

3 Pfirsiche (à 150 g) waschen, trockenreiben, halbieren und entsteinen. In dünne Spalten schneiden und gleichmäßig in einer flachen Schale verteilen. Den noch warmen Sud darüber gießen und die Pfirsiche im Kühlschrank zugedeckt 3 Stunden marinieren lassen.

25 g Butter erhitzen und hellbraun werden lassen.

50 g Mehl, 15 g gemahlene, geschälte Mandeln, 1 EL Zucker, 125 ml Milch, 1 EL Rum, 1 Prise Salz und die abgeriebene Schale von 1/2 unbehandelten Orange mit der Butter zu einem glatten Teig verrühren. **1 Ei** unterrühren und den Teig ca. 15 Minuten quellen lassen. Den Backofen auf 50 °C vorheizen. Den Teig noch einmal durchrühren und daraus 8 hauchdünne, kleine Crêpes backen. Dabei für jede Crêpe **1/2 TL Butterschmalz** bei mittlerer Temperatur in einer beschichteten Pfanne erhitzen, ein Achtel des Teiges mit einer Schöpfkelle in die Mitte geben und die Pfanne schwenken, damit der Teig zu einer hauchdünnen Crêpe verläuft. Wenn die Crêpe auf der Unterseite leicht gebräunt und oben fast gestockt ist, wenden und noch ca. 1 Minute backen, bis auch die zweite Seite leicht gebräunt ist. Die gebackenen Crêpes im Backofen warm halten. Die Pfirsichspalten in einem Sieb abtropfen lassen und den Sud dabei auffangen. Die Pfirsiche auf die Crêpes verteilen, diese vorsichtig zusammenrollen, auf Tellern anrichten und mit der Hälfte des Suds beträufeln. Den restlichen Sud bei starker Hitze so lange einkochen, bis er eine sirupartige Konsistenz hat. Die Crêpes mit **60 g Mandelblättchen** bestreuen, mit **2 EL Puderzucker** bestäuben und mit dem Pfirsichsirup beträufeln. Sofort servieren.

Mein Tipp:
Statt der Pfirsiche können Sie auch einmal Nektarinen, Aprikosen oder Mirabellen nehmen.
Das Crêpesbacken geht doppelt so schnell, wenn Sie zwei beschichtete Pfannen gleichzeitig im Einsatz haben. Besonders gut gelingen die Crêpes mit dem »Crêpesmaker«. Das eigens für die Crêpeszubereitung konzipierte Gerät wird elektrisch betrieben und ist kinderleicht zu handhaben. Die Bestelladresse finden Sie auf Seite 255.

Topfensoufflé *mit Himbeeren*

Für 4 Personen	*Zubereitungszeit: ca. 1 Std.*
	Den Backofen auf 250 °C Unterhitze vorheizen.
150 g Himbeeren	verlesen und ca. 5 Minuten in
2 EL Himbeergeist	marinieren. Eine Fettpfanne oder eine große Bratpfanne, die in den Backofen passt, bereitstellen. Vier Souffléförmchen (à 8 cm Durchmesser) hineinsetzen und so viel Wasser angießen, dass die Förmchen zu einem Drittel im Wasser stehen. Die Förmchen wieder herausnehmen, das Wasser in einen Topf gießen und die Fettpfanne oder Pfanne mit Küchenkrepp auslegen. Die Souffléförmchen mit
1 EL Butter	ausfetten, mit
Zucker	ausstreuen und die marinierten Himbeeren hineingeben.
3 Eier	trennen. Die Eigelbe mit
200 g Magerquark und dem Mark von 1 Vanilleschote	verrühren. Das abgemessene Wasser zum Kochen bringen. Inzwischen die Eiweiße mit
1 Prise Salz	sehr steif schlagen und dabei nach und nach
60 g Zucker	einrieseln lassen. Den Eischnee vorsichtig unter die Quarkmasse heben und diese in die Förmchen füllen. Das fast kochende Wasser in die Fettpfanne oder Pfanne gießen, die Förmchen hineinsetzen und die Topfensoufflés im Backofen auf der mittleren Schiene ca. 20 Minuten garen. Mit
Puderzucker	bestäuben und sofort servieren.

Mein Tipp:

Wenn gerade keine Himbeerzeit ist, können Sie für dieses Dessert selbstverständlich auch tiefgekühlte Himbeeren nehmen.
Kleiner Trick: Das Küchenkrepp in der Fettpfanne verhindert, dass die Förmchen verrutschen.

Zwetschgenknödel *mit Vanillesauce*

Für 4 Personen	*Zubereitungszeit: ca. 1 1/2 Std.*
700 g mehlig kochende Kartoffeln	waschen und als Pellkartoffeln garen. Abgießen, abdampfen und etwas abkühlen lassen. Dann pellen und durch die Kartoffelpresse drücken.
4 EL zimmerwarme Butter, 160 g Mehl, 60 g Hartweizengrieß, 1 Eigelb und 1 Prise Salz	dazugeben, alles zu einem glatten Teig verkneten.
12 Zwetschgen	waschen, etwas aufschneiden, entsteinen und
12 Stück Würfelzucker	in die Zwetschgen drücken. Den Teig ca. 1 cm dick ausrollen und 12 Kreise mit 10 cm Durchmesser ausstechen. Je 1 Zwetschge mit einem Teigkreis umhüllen und zu einem runden Knödel formen. Für die Sauce
250 g Sahne, 125 ml Milch, das Mark von 2 Vanilleschoten und 40 g Zucker	aufkochen lassen.
4 Eigelb	verquirlen und die Vanillesahne unterrühren. Die Masse über einem heißen Wasserbad sämig aufschlagen und dann kühl stellen.
Reichlich Salzwasser	zum Kochen bringen und die Knödel im leicht siedenden Wasser offen ca. 10 Minuten ziehen lassen.
80 g Butter	in einer Pfanne zerlassen, aber nicht bräunen.
100 g Semmelbrösel	hineingeben und leicht anrösten.
50 g Zucker, 1 TL Vanillezucker sowie die abgeriebene Schale von je 1/2 unbehandelten Orange und Zitrone	untermischen. Die Knödel aus dem Wasser heben, gut abtropfen lassen, in der Butter-Semmelbrösel-Mischung wälzen und mit der Vanillesauce servieren.

Bratapfel
mit Rumsauce

Für 4 Personen

Zubereitungszeit: ca. 1 Std.
Für die Sauce

**250 ml Milch, 250 g Sahne
und 100 g Zucker**
in einem Topf unter Rühren aufkochen lassen.

6 Eigelb
verrühren und die heiße, nicht mehr kochende Milchmischung langsam unter ständigem Rühren einlaufen lassen. Die Sauce zurück in den Topf geben und bei milder Hitze so lange rühren, bis sie sämig ist. Sofort durch ein Sieb passieren und abkühlen lassen. Den Backofen auf 200 °C vorheizen.

**100 g Marzipanrohmasse,
30 g Rosinen, 1–2 EL Calvados
(frz. Apfelbranntwein) und
1 Prise Zimtpulver**
gut miteinander verkneten.

8 kleine Äpfel
waschen, abtrocknen und die Kerngehäuse ausstechen. Die Marzipanmasse in die Äpfel füllen.

**2 EL Zucker, 40 g Butter,
100 ml Apfelsaft und
1 Prise Zimtpulver**
in einer Pfanne unter Rühren aufkochen lassen. Die Äpfel hineinsetzen und im Backofen auf der mittleren Schiene ca. 25 Minuten garen. Die Äpfel dabei ab und zu mit dem heißen Sud übergießen. Die Pfanne aus dem Backofen nehmen und leicht abkühlen lassen.

2 EL Rum
in die kalte Sauce geben und alles mit dem Pürierstab schaumig aufmixen.

2 EL geschlagene Sahne
vorsichtig unterheben.

50 g Mandelblättchen
in einer Pfanne ohne Fettzugabe hellbraun rösten. Die warmen Äpfel mit der Rumsauce und

4 Kugeln Vanilleeis
servieren und mit den Mandelblättchen bestreuen.

Mein Tipp:
Zum Aromatisieren der Füllung können Sie statt Calvados auch Rum oder eine Mischung aus beiden verwenden.
Für Bratäpfel eignen sich am besten hocharomatische Äpfel wie Boskoop, Idared oder Gloster.

Schokoladentascherln
mit Schokoladensabayon

Für 4–6 Personen	*Zubereitungszeit: ca. 1 1/2 Std.*
300 g mehlig kochende Kartoffeln	als Pellkartoffeln garen. Abgießen und kurz abdampfen lassen.
25 g Butter	zerlassen. Die Kartoffeln pellen, zweimal durch die Kartoffelpresse drücken (damit sie besonders fein zerkleinert werden) und mit der flüssigen Butter,
1 Eigelb, 50 g Speisestärke und 1 Prise Salz	zu einem glatten Teig verkneten. Diesen auf einer bemehlten Arbeitsfläche 3 bis 4 mm dick ausrollen und in 12 ca. 9 x 9 cm große Quadrate schneiden.
2 Eigelb	verquirlen und die Teigränder damit bestreichen.
12 Stücke Zartbitterschokolade (je 3 x 2 cm groß)	jeweils auf die eine Seite der Teigquadrate setzen. Die Teigstücke zusammenklappen und die Ränder gut festdrücken. Für die Schmelze
100 g Butter	in einer Pfanne leicht bräunen lassen.
60 g Semmelbrösel, 20 g Zucker, 20 g gemahlenen Mohn, die abgeriebene Schale von je 1/2 unbehandelten Orange und Zitrone und 1 Prise Zimtpulver	dazugeben, alles gut vermischen und zugedeckt warm halten. Für das Sabayon
150 ml Milch	aufkochen, dann die Hitze reduzieren.
50 g Zartbitterschokolade	zerkleinern und in der heißen Milch schmelzen lassen. Die Schokoladentascherln in reichlich kochendes Wasser geben, die Hitze reduzieren und die Tascherln im nur leicht siedenden Wasser ca. 5 Minuten ziehen lassen. Inzwischen
4 Eigelb und 40 g Zucker	mit der warmen Schokoladenmilch über einem heißen Wasserbad aufschlagen, bis eine dickliche, schaumige Creme entsteht.
3 EL Schokoladenlikör	unterrühren. Die Schokotascherln aus dem Wasser nehmen, gut abtropfen lassen, in der warmen Schmelze wenden und mit dem Schokosabayon auf Tellern anrichten. Zuletzt mit
Puderzucker	bestäuben.

Mein Tipp:
Das Dessert bekommt einen leicht orientalischen Touch, wenn Sie es mit Zimt-Koriander- statt mit Zartbitterschokolade zubereiten.
Die Schokotascherln gelingen nur mit mehlig kochenden Kartoffeln optimal. Diese enthalten sehr viel Stärke, die für die Teigkonsistenz wichtig ist.

Haselnussauflauf
mit Birnen und Löffelbiskuits

Für 8 Personen   *Zubereitungszeit: ca. 1 Std. (plus ca. 25 Min. Backzeit)*

16 sehr kleine Birnen
(z. B. Williams Christ) schälen und die Kerngehäuse jeweils von unten her vorsichtig ausstechen (dabei sollten die Birnen oben unverletzt und die attraktiven Stiele stehen bleiben).

300 ml trockenen Weißwein,
100 g Zucker, den Saft von
2 Zitronen, 1–2 Zimtstangen und 150 ml Wasser in einem Topf aufkochen und die Birnen darin bei milder Hitze zugedeckt ca. 10 Minuten garen. Abkühlen lassen. Eine Auflaufform (ca. 25 x 15 cm) mit

1 TL Butter ausfetten und
12 Löffelbiskuits hineinlegen. 50 ml Birnensud mit
2 EL Birnengeist mischen und über die Biskuits träufeln. Den Backofen auf 200 °C vorheizen.
4 Eier trennen.
150 ml Milch und 250 g Sahne mischen. 200 ml davon abmessen und mit
2 EL Zucker aufkochen. Die restliche Milch-Sahne-Mischung mit den Eigelben und
40 g Vanillepuddingpulver
(für Kochpudding) verrühren und unter die kochende Milch-Sahne-Mischung rühren. Köcheln lassen, bis die Creme eine puddingähnliche Konsistenz hat. Dann in eine Schüssel geben und
50 g gemahlene Haselnüsse unterrühren. Die Eiweiße steif schlagen, dabei nach und nach
40 g Zucker einrieseln lassen. Den Eischnee vorsichtig unter die Nusscreme heben und auf die Löffelbiskuits gießen. Die Birnen in die Creme setzen, alles mit
2 EL braunem Zucker bestreuen. Den Haselnussauflauf im Backofen auf der mittleren Schiene ca. 25 Minuten backen.

Mein Tipp:
Die Kerngehäuse der Birnen lassen sich am besten mit einem Kugel- oder Apfelausstecher entfernen.
Statt der gemahlenen Haselnüsse können Sie auch Mandeln untermischen.
Nach Belieben kann man den Auflauf mit cremigem Vanilleeis servieren.

Apfelkuchen
mit Marzipan und Nüssen

Für 12 Stücke	*Zubereitungszeit: ca. 1 1/2 Std. (plus ca. 1 Std. Kühlzeit für den Teig)*
180 g kalte Butter	in kleine Würfel schneiden und rasch mit
200 g Mehl, 100 g Speisestärke,	
120 g Puderzucker,	
50 g gemahlenen Mandeln,	
1 Prise Salz und	
der abgeriebenen Schale von	
1 unbehandelten Zitrone	zu einem festen Teig verkneten. Den Mürbeteig zu einer Kugel formen, in Frischhaltefolie wickeln und ca. 1 Stunde kühl stellen.

Nach der Kühlzeit eine Springform (26 cm Durchmesser) mit

1 EL Butter ausfetten. Die Arbeitsplatte mit

etwas Mehl bestäuben, zwei Drittel des Teiges darauf auf Springformgröße ausrollen und in die Form legen. Den restlichen Teig zu einem ca. 4 cm breiten, langen Streifen ausrollen, diesen als Rand in die Form legen und durch Andrücken mit dem Boden verbinden. Den Backofen auf 200 °C vorheizen. Für den Belag

80 g Butter zerlassen, leicht braun werden und dann abkühlen lassen.

2 Eiweiß und

70 g Puderzucker mit dem Pürierstab verquirlen und die Butter langsam hinzufügen.

Je 30 g Mehl und

gemahlene Mandeln untermixen und

120 g Apfelmus untermischen.

4 mittelgroße Äpfel schälen, grob reiben und dazugeben.

20 g gemahlene Haselnüsse in einer Pfanne ohne Fettzugabe goldgelb rösten.

100 g Marzipanrohmasse klein scheiden.

30 g eingelegten,

kandierten Ingwer fein hacken, mit Nüssen und Marzipan unter den Belag heben. Auf den Teig geben und glatt streichen. Für die Streusel

50 g kalte Butter,

50 g braunen Zucker,

30 g gemahlene Mandeln und

30 g Semmelbrösel verkneten. Die Masse zu Streuseln zerbröseln und auf dem Apfelbelag verteilen. Den Kuchen im Backofen auf der mittleren Schiene ca. 20 Minuten backen. Herausnehmen, etwas abkühlen lassen und dann den Springformrand vorsichtig lösen. Den Kuchen auskühlen lassen, mit

50 g Puderzucker bestäuben und in 12 gleich große Stücke schneiden.

Mein Tipp:
Damit der Teig beim Backen schön locker und mürbe wird, muss er möglichst rasch geknetet und dann gekühlt werden.
Für diesenKuchen sind Apfelsorten wie Boskoop, Idared oder Gloster besonders geeignet. Ihr feinsäuerliches Aroma harmoniert optimal mit dem Marzipan und dem Ingwer. Reiben Sie die Äpfel immer erst kurz vor der Verwendung, sonst verfärben sie sich unschön braun.

Die Rezepte

Titelrezept

Das Rezept auf der Umschlagvorderseite ist Penne mit Lammbolognese (S. 127).

Abkürzungen in den Rezepten

Damit mehr Platz für Erklärungen bleibt, wurden in den
Rezepten einige Begriffe abgekürzt:
EL = Esslöffel (gestrichen)
TL = Teelöffel (gestrichen)
Msp. = Messerspitze
g = Gramm (1000 g = 1 kg)
kg = Kilogramm
ml = Milliliter (1000 ml = 1 l)
l = Liter
mm = Millimeter (10 mm = 1 cm)
cm = Zentimeter

Besuchen Sie mich!

Kontakt mit meinen Lesern, Zuschauern und Fans ist mir sehr wichtig, denn er bereichert alle. Egal ob Sie sich über etwas Bestimmtes informieren oder mir schreiben möchten, auf meiner Site im Internet finden Sie viele interessante Dinge: www. johannlafer.de.
Sollten Sie zu in den Rezepten verwendeten Küchengeräten oder Formen Fragen haben oder ein bestimmtes Gerät bestellen wollen, wenden Sie sich bitte an folgende Adresse:
Johann Lafer's Table d'Or GmbH, Hauptstraße 3, 55452 Guldental. Natürlich würde ich mich sehr freuen, Sie auch einmal in einem meiner beiden Restaurants am Fuße des Hunsrücks begrüßen zu können. In Johann Lafer's Stromburg in 55442 Stromberg können Sie meine kulinarischen Kreationen genießen. Und wenn Sie einmal Lust auf einen Kochkurs haben, kontaktieren Sie das Forum für Kochkultur und Lebensart, Hauptstraße 3 in 55452 Guldental.